Das Sizilien-Lesebuch

Impressionen und Rezepte von der Insel der Götter

Zu diesem Buch

Einst landete Odysseus auf seiner Irrfahrt an den Gestaden einer fremden Insel an. Azurblau leuchtete das Mittelmeer unter der hell strahlenden Sonne, sanft rollten die Wogen gegen schroffe, dunkle Lavafelsen. Üppiges Grün wucherte an den Hängen des Eilands, und der Duft prächtiger Blumen füllte die Luft mit süßlich-schweren Aromen. In der Ferne überragte ein mächtiger Berg die liebliche Szenerie. Sein Gipfel war schneebedeckt, und Rauch stieg von ihm auf. Dankerfüllt blickte Odysseus hinauf zum Himmel. Die Götter hatten ihn in ihre Heimat geführt!
Auf den Spuren des Odysseus lädt Sie dieses Buch zu einer unterhaltsamen Entdeckungsreise nach Sizilien ein – der Insel der Götter. Von den Griechen und Römern der Antike reicht der bunte Bilderbogen der Geschichten über Kulturschätze, Naturwunder und kulinarische Hochgenüsse bis hinein in die finstere Unterwelt der Mafia.

Almut Irmscher wurde in Wuppertal geboren und wuchs in Velbert und im grauen Mönchengladbach der Siebzigerjahre auf. Heute lebt sie mit ihrem Mann und drei Kindern im Bergischen Land. Ihre Lesebücher erzählen von Land und Leuten, von Spezialitäten und Besonderheiten. Es sind Reiseerlebnisse für alle Sinne.

Taschenbuchausgabe, 1. Auflage Juni 2016

ISBN-10: 1534689974 ISBN-13: 978-1534689978

Almut Irmscher

Das Sizilien-Lesebuch

Impressionen und Rezepte

von der Insel der Götter

Inhalt

Fotos von Sizilien

finden Sie online im Fotoalbum auf

www.almutirmscher.de

Einführung

Sizilien – die sonnengeküsste Insel der Götter. Heimat farbenprächtiger Folklore, süßen Marsalas, noch süßerer Mandeln, saftiger Zitronen und Orangen, würzigen Olivenöls und blutroten Weins, in dessen Bouquet sich die Würze der Erde mit der Glut der Sonne verbindet. Eine Insel, auf der sich Orient und Okzident begegnen wie kaum an einem anderen Ort. Wo sie beide ihre besten Seiten zu verführerischen Aromen und künstlerischen Meisterwerken vereinen, die weltweit ihresgleichen suchen. Wo die Spuren des antiken Griechenlands und Roms allgegenwärtig sind, und wo über all dem der feuerspeiende Ätna thront, Europas größter und aktivster Vulkan.

Die Kehrseite dieser Medaille ist Sizilien als Wiege der Mafia. Heimat ruchloser Krimineller, die hinter der Fassade von ehrenwerter Bürgerlichkeit und gottesfürchtiger Frömmigkeit ein Doppelleben in finsteren Abgründen führen, deren Machtstrukturen von Geldgier, Skrupellosigkeit, Erpressung und Mord beherrscht werden. Auch das ist Sizilien. Denn es ist ein Ort scharfer Gegensätze, regiert vom eigenwilligen Stolz einer komplexen Gesellschaft, die das Produkt einer jahrhundertelangen Entwicklung ist. Jahrhunderte, während derer ständig wechselnde Eroberer ihre Spuren auf Sizilien hinterlassen haben.

Denn Sizilien ist einzigartig. Mitten im Mittelmeer gelegen ist es ein Reibungspunkt zwischen Ost und West,

Nord und Süd, ein strategisches Zentrum, das stets die Begehrlichkeiten der Machthaber Europas, Nordafrikas und Kleinasiens weckte. Nur vor diesem Hintergrund lassen sich die Besonderheiten der Insel verstehen. Sie ist ein Schmelztiegel der Kulturen. Und weil jeder Herrscher, der etwas auf sich hielt, versessen auf den Besitz Siziliens gewesen ist, entwickelten die Sizilianer ihr ganz spezielles Selbstbewusstsein, ähnlich dem einer schönen Frau, die von jedermann begehrt wird und die sich gänzlich ihrer Einzigartigkeit bewusst ist.

Wer Sizilien einmal ins Herz geschlossen hat, den lässt diese geheimnisvolle, von Mythen umwobene Insel nicht wieder los. Machen wir uns also auf den Weg, Sizilien zu erkunden und dabei ein bisschen besser kennenzulernen, zwischen karger Weite, fruchtbaren Lavafeldern und fantastischen Panoramen. Mit türkis leuchtendem Meer vor schroffen Felsklippen und weißsandigen Traumbuchten, mit prachtvollen Mosaiken und erhabenen Gotteshäusern, südländischer Lebensfreude und fürstlich gedeckten Tafeln voller üppiger Früchte, feurigen Weins und köstlicher Speisen.

Bienvenuti in Sicilia – Willkommen auf Sizilien!

Auf den Spuren des Odysseus – Selinunt

Ich war noch fast ein Kind, als ich zum ersten Mal nach Selinunt kam. Viel wusste ich damals noch nicht, und ich hatte auch noch nicht allzu viel von der Welt gesehen. Aber ich hatte von Odysseus gelesen, jene geheimnisvollen Geschichten aus einer längst versunkenen Vergangenheit, in der so furchterregende Gestalten wie böse Zauberinnen, einäugige Riesen und Verderben bringende Sängerinnen herrschten. Schreckliche Widernisse, gegen die der heldenhafte Odysseus auf seiner zehnjährigen Irrfahrt entlang der lichtgefluteten Küsten des Mittelmeers bestehen musste. In meiner Vorstellung war das eine magische Welt, gänzlich entgegengesetzt zu den nebelverhangenen, dunklen Wäldern und den feuchten grünen Hügeln meiner deutschen Heimat.

Und mit einem Mal befand ich mich nun also in Selinunt. Einsam lagen mächtige Tempelruinen in einer pastellfarbenen Landschaft, und vom nahen Meer herkommend streichelte eine leichte Brise die hohen Gräser auf den Dünen rechts und links des Weges. Weit und breit war kein Mensch zu sehen, und so fühlte ich mich wie Odysseus selbst, der durch die einsamen Reste einer uralten griechischen Siedlung streift, auf der Suche nach der verlorenen Heimat. Etwas abseits, zwischen trockenen Halmen und dürren Kräutern, lag ein kleines Heiligtum. Ich suchte mir dort einen Platz zwischen den Quadern und Mauerresten, um die fantastische Atmosphäre auf mich wirken zu lassen. Und wie ich so saß, mich umschaute und schließlich auch den Boden betrachtete, fiel mein Blick auf ein eigenartig geformtes Gebilde, das halb verborgen vor mir im Sand lag. Ich begann, im Untergrund herumzuscharren, und schon bald darauf hielt ich ein paar lehmverkrustete Scherben in den Händen. Fasziniert bestaunte ich meine Fundstücke. Dann umwickelte ich den kostbaren Schatz behutsam mit Papiertaschentüchern und trug ihn mit mir zurück ins Hotel. Dort weichte ich die Scherben in Wasser ein und entfernte danach sorgsam den Lehm. Eines der Bruchstücke stammte wohl von einer Tasse, denn unter der Kruste kam ein filigranes Henkelchen zum Vorschein. Bei zwei oder drei anderen Scherben ließen sich noch Reste der typischen schwarzen Bemalung griechischer Keramik erahnen. Ich konnte mein Glück kaum fassen. Ganz unverhofft war ich zur Altertumsforscherin geworden und hatte echte antike Fundstücke zu Tage gebracht!

Damals lag Selinunt noch fernab der hochfrequentierten Touristenrouten. Kaum jemand verirrte sich in die Überreste der alten griechischen Stadt an Siziliens Südwestküste. Dabei ist Selinunt einst eine der bedeutendsten Städte der Insel gewesen. Griechen vom Volksstamm der Dorer hatten sie im siebten vorchristlichen Jahrhundert aus strategischen Gründen angelegt. Der Platz war günstig gewählt, denn hier eröffnete sich den Griechen, die den

Osten des Mittelmeers bereits beherrschten, das Tor zu dessen westlichem Teil und den angrenzenden Ländern.

Selinunt wurde unter sorgfältiger Planung am Reißbrett entworfen. Verlauf und Breite sämtlicher Straßen unterlag einer strengen Norm, alle Wohnkarrees waren von exakt gleicher Größe. Günstig für die Stadtplaner und vielleicht auch Teil ihres Konzepts war es, dass sich ganz in der Nähe ein Steinbruch befand, aus dem das Baumaterial gewonnen werden konnte, ein fester, sandfarbener Tuffstein. So entstand eine komfortable Siedlung nach modernstem architektonischen Standard. Vom nahen Meer her wehte stets ein laues Lüftchen und machte Selinunt damit auch während der heißen Jahreszeit zu einem äußerst angenehmen Wohnort.

Als clever gewählt erwies sich der Standort aber auch aus einem anderen Grund. Denn der vulkanische Boden rings um die Stadt ist reich an Mineralien und daher ausgesprochen fruchtbar. Hier gedeiht der Weizen weitaus üppiger als anderenorts. So kam es, dass Selinunt schon bald zu einer reichen Stadt wurde, es entwickelte sich zu einer prachtvollen Perle im Mittelmeer. Die Einwohner wussten ihren Wohlstand zu zeigen, und sie waren sich darüber im Klaren, dass sie ihren Göttern Dank dafür schuldeten. Deshalb schmückten sie ihre Stadt mit zahlreichen riesigen Tempelanlagen.

Doch weiter im Norden Siziliens lauerte Konkurrenz. Dort hatten Griechen vom Stamm der Ionier ebenfalls eine Siedlung gegründet, Segesta, von wo aus sie das Tyrrhenische Meer im Norden der Insel zu beherrschen trachteten. Das wiederum war den Selinuntern ein Dorn im Auge, gedachten sie doch selbst, den gesamten westlichen Mittelmeerraum für sich zu reklamieren. Gegen Selinunts Übermacht suchten die Einwohner von Segesta bei Athen und Karthago Unterstützung.

Beide Großmächte führten in der Folge Feldzüge gegen Selinunt und richteten dort schwere Schäden an. In einem Rachefeldzug zerstörten die Selinunter daraufhin Segesta, ein Akt, der wiederum bei den Karthagern das Verlangen nach Revanche auf den Plan rief. In einem brutalen Vernichtungskrieg zerstörten sie im Jahr 409 v. Chr. nun ihrerseits Selinunt. Es heißt, dass sie mit etlichen tausend Soldaten gegen die Stadt zogen und ganze 16.000 Bürger dahinmetzelten, alle übrigen gerieten in Gefangenschaft und anschließende Sklaverei.

Nur die Steinbrüche von Selinunt, die etwa zehn Kilometer westlich der Stadt gelegenen Cave di Cusa, geben heute noch Zeugnis von diesem schrecklichen Tag. Zwischen halb behauenen Säulenabschnitten und verstreut im Gras liegenden Gesteinsbrocken fand man hier das liegengelassene Werkzeug der Steinhauer. Ganz offensichtlich hatten die Männer ihren Arbeitsplatz fluchtartig verlassen und waren danach nie mehr zurückgekehrt.

Die Karthager vereinnahmten Selinunt und siedelten hier nun ihrerseits bis zum Ersten Punischen Krieg um

250 v. Chr. All dies haben Historiker aus spärlichen Daten und Überlieferungen mühsam rekonstruiert. Denn tatsächlich ist die Geschichte Selinunts annähernd so nebelhaft wie die des sagenhaften Odysseus. Die Stadt verschwand irgendwann vom Erdboden und aus der Erinnerung der Menschen. Der Wind wehte Sand herbei, Dünen und Gräser verdeckten die Ruinen. Bald wusste niemand der Lebenden mehr von Selinunt. Nur uralte Geschichten erzählten noch von einer vormals mächtigen und reichen Stadt im Westen Siziliens, Geschichten zwischen Mythos und Legende.

Erst vor rund zweihundert Jahren machten sich ein paar Forscher daran, ernsthaft nach dieser geheimnisvollen Stadt zu suchen, die nach Sèlinon, dem griechischen Namen einer aromatisch duftenden, wildwachsenden Petersilienart benannt war.

Die Archäologen stießen schließlich auf ein riesiges Trümmerfeld. Ganz offensichtlich war Selinunt tatsächlich eine bedeutende Stadt gewesen, denn seine Bauwerke hatten aus massiven, stabilen Gesteinsquadern bestanden. Was hatte diese Stadt so vollständig zerstören können? Die alten Mythen berichteten von einer Katastrophe epochalen Ausmaßes, die zum Untergang von Selinunt geführt habe. Doch eine wirklich glaubhafte historische Dokumentation existierte nicht.

Heute vermuten Forscher, dass in dunkler Vergangenheit ein gewaltiges Seebeben vor Sizilien eine Flutwelle verursacht hat. Die Erdstöße und der Tsunami brachten nicht nur die Häuser, sondern auch die großen Tempel von Selinunt zum Einsturz. Sollte es zu dieser Zeit noch Bewohner gegeben haben, und sollten manche davon dieses schreckliche Ereignis überlebt haben, so verließen sie den unheilvollen Ort danach. Nur ein paar Bauern siedelten viel später wieder auf den Resten der Akropolis von Selinunt. Doch was genau sich damals wirklich zugetragen hat und wann das Ganze geschah, ist nach wie vor ein Rätsel.

Viel Fantasie ist nötig, um sich das Erscheinungsbild der alten Stadt im Trümmerfeld von Selinunt noch vorzustellen. Doch die Archäologen ließen sich davon nicht beirren. Schon in den Zwanzigerjahren des letzten Jahrhunderts begannen sie, einen der Tempel wiederaufzurichten, in den Fünfzigerjahren folgte ein weiterer. Da man nicht weiß, welchen Göttern die Tempel von Selinunt einst gewidmet waren, entschied man sich dazu, die Tempel lediglich mit Buchstaben zu bezeichnen. Es mutet auf eigenartige Weise ernüchternd an, wenn man heute in dieser geheimnisvollen Atmosphäre zwischen Tempeln mit so pragmatischen Namen wie G oder F hindurchschreitet. Beide befinden sich im Osten der ehemaligen Akropolis von Selinunt, wo zwischen zwölf Tempeln die meisten der Bewohner siedelten. Im Westen hingegen lagen die städtische Nekropole und das Heiligtum der Demeter Malophoros. Hier fand man zahlreiche Vasen und Terrakotten, die heute im archäologischen Museum von Palermo ausgestellt sind.

Alle, bis auf ein paar wenige Scherben. Denn diese habe ich selbst dort ausgegraben. Natürlich habe ich sie wohl gehütet und bis zum heutigen Tag aufbewahrt. Und das, obwohl mein Vater immer behauptet hat, sie seien dort von einem geschäftstüchtigen Fremdenführer vergraben worden, der sie dann später vor den Augen seiner Touristengruppe mit großem Gehabe wieder ans Tageslicht befördern wollte. Wobei er natürlich auf ein ansehnliches Trinkgeld spekulierte.

Aber das habe ich meinem Vater nie geglaubt…

Verdure al Forno – Gemüse aus dem Ofen

Zutaten für 4 Personen: *2 große Auberginen, 4 kleine Zucchini, 2 rote Paprika, 2 gelbe Paprika, 1 Fenchelknolle, 6 Tomaten, 2 Zwiebeln, 4 Knoblauchzehen, 1 Bd. Blattpetersilie, reichlich Olivenöl, grobes Meersalz, Pfeffer*

Zubereitung: *Das Gemüse waschen, die Stielenden entfernen. Die Paprika entkernen und in dünne Streifen schneiden, die Zwiebeln und Knoblauchzehen schälen und würfeln, den Strunk des Fenchels entfernen und den Rest in Streifen schneiden, die Tomaten achteln und entkernen, Zucchini und Auberginen würfeln. Alles Gemüse auf ein Backblech legen, großzügig mit Olivenöl begießen und mehrfach darin wenden. Mit grobem Meersalz und Pfeffer bestreuen. Den Backofen auf 160°C vorheizen und das Gemüse 1 Stunde lang darin backen, nach der Hälfte der Zeit wenden.*

Die Petersilienblättchen abzupfen und grob hacken. Nach Ende der Backzeit das Gemüse mit einem Sieblöffel aus dem Ofen nehmen und in eine Schüssel geben. Die Petersilie darüberstreuen und gut vermengen. Mit knusprigem Weißbrot servieren.

Das Landleben ist bunt – die Carretti Siciliani

Seit meinem ersten Besuch auf Sizilien hat sich vieles verändert. Selinunt ist längst kein Geheimtipp mehr, das zeigen nicht nur die Touristenbusse auf dem Parkplatz vor den Ausgrabungen, sondern auch die zahlreichen Souvenirbuden, in denen Postkarten, Kühlschrankmagnete und sonstiger Nippes aller Art zu haben ist. Quietschbunte sizilianische Keramiken dürfen dabei natürlich nicht fehlen, wobei die Mehrzahl davon gar nicht aus den traditionsreichen Majolika-Manufakturen der Insel stammt, sondern von irgendwo in Fernost. Das lokale Kunsthandwerk ist für den schnellentschlossenen Souvenirjäger nämlich viel zu teuer.

Die farbenfrohen Muster der Majoliken werden von den Keramikkünstlern in sorgsamer Feinarbeit mit dem Pinsel aufgetragen. Auf die gleiche Art schmückten die Sizilianer in früheren Zeiten ihre Eselskarren.

Abrupt bleibe ich vor einem der Souvenirläden von Selinunt stehen und schmunzle. Denn davor parkt ein alter Fiat 500, der über und über mit bunten, filigranen Malereien bedeckt ist, ganz so, wie vormals die berühmten sizilianischen Karren.

Diese repräsentativen Karren gab es vor der Motorisierung zuhauf, doch schon bei meinem ersten Besuch auf Sizilien fand man sie allenfalls noch im Raritätenkabinett.

Ich erinnere mich aber daran, dass vor dem Normannenpalast in Palermo ein prächtiger Eselskarren stand, allerdings war er nur für die Touristen vorgefahren. Sie sollten ein Foto von dem einladenden Motiv machen, natürlich nicht, ohne den Karrenbesitzer mit einem stattlichen Obolus dafür zu entlohnen. Wer es wagte, eine Aufnahme zu machen und nicht zu bezahlen, dem drohte Fürchterliches. Der eben noch freundlich lächelnde Eselsführer mutierte schlagartig zum Blitze schmetternden Rachegott. Denn er wusste, dass er etwas ganz Besonderes zu bieten hatte. Er war einer der letzten Hüter einer stolzen Tradition.

Die zweirädrigen Karren wurden – fast möchte man sagen, wie könnte es anders sein – von den Griechen nach Sizilien gebracht. Diese Karren haben nur eine Achse und werden durch das vorgespannte Zugtier im Gleichgewicht gehalten. Spannt man das Tier ab, so lässt sich der Karren mithilfe der Deichsel im Handumdrehen kippen und auf diese Art ganz einfach entladen. Derartige Karren kennen die Menschen schon seit der späten Jungsteinzeit. Auf die gleiche Epoche vor rund sechstausend Jahren, das ausgehende Neolithikum, fällt auch die Domestikation des Esels. In Ägypten wurden nubische Wildesel gezähmt, sie waren die ersten Lasttiere des Menschen. Später haben unsere Vorfahren auch die weit kräftigeren Ochsen vor ihre Karren gespannt und schließlich die noch stärkeren Pferde.

Doch in Sizilien blieb es zumeist bei den Eseln. Denn auf der vielerorts kargen und heißen Insel sind die

Langohren nicht zu schlagen. Viel länger als Pferde können sie ohne Nahrung und Wasser auskommen, sie sind zäh und äußerst genügsam. Und außerdem sind sie auch noch schwindelfrei, das macht sie zu wahren Kletterkünstlern. Im felsigen Terrain und auf Geröll sind sie deshalb den weitaus heikleren Pferden klar überlegen. Bedenkt man, dass Sizilien zu neunzig Prozent aus Hügelland und bis zu zweitausend Meter hohen Gebirgen besteht, so versteht man, dass der wendige, trittfeste kleine Asket für die Oliven-, Obst-, Weizen- und Weinbauern der Insel seit jeher das ideale Arbeitstier gewesen ist. Grüne Ebenen mit Weidegründen für Pferde, wasserspendende Flüsse oder gar Seen sind auf Sizilien fast exotische Raritäten.

Ganz nebenbei lieferten die Esel ihren Herren auch noch wertvolle Milch, und sollte ein Tier ausgedient haben, so taugte es immer noch für die Salami. Aus der Haut machte man Leder und Pergament.

So zogen die sizilianischen Bauern viele Jahrhunderte hindurch mit ihren schlichten Eselskarren durch Weinberge und Olivenhaine, über steinige Pfade karrten sie ihre Erträge zum Hof oder auf den nächsten Markt.

Auf Sizilien wird seit jeher auch besonders viel Weizen angebaut. Noch heute ist die Insel Italiens Kornkammer. Für den Anbau von Weizen benötigt man jedoch große, zusammenhängende Flächen. Deshalb entstanden riesige Gutshöfe in den Händen weniger reicher Großgrundbesitzer. Sie verdankten ihre privilegierte Stellung den jeweiligen Regenten, denen der Grund und Boden Siziliens gehörte. Diese vergaben die Landflächen als Lehen an verdiente Aristokraten, die wiederum den Lehensanspruch an ihre Erben weiterreichen konnten. Terrain, das schwerer zu bewirtschaften war, verliehen sie an niedriger gestellte Adelsleute weiter, und am untersten Ende der Hierarchie standen die landlosen Kleinbauern, die ihr Dasein als Leibeigene fristen mussten. Sie standen im Dienst der adeligen Herrschaften und sorgten dafür, dass deren Wohlstand beständig weiterwuchs. Die superreichen Lehensherren bestimmten nicht nur über die Verwendung von Grund und Boden, sondern kontrollierten auch die Rechtsprechung Siziliens.

Erst mit der Verfassung von 1812 fand diese ausbeuterische Feudalherrschaft formell ein Ende, indem das Lehenswesen abgeschafft wurde. Doch de facto änderte sich dadurch nur wenig. Aus den Lehensnehmern wurden Landbesitzer, die Kleinbauern hingegen gingen leer aus. Bis zu den Landreformen des 20. Jahrhunderts sollte sich ihre prekäre Lage nicht ändern.

Was sich hingegen änderte, war die Einstellung der frischgebackenen Landbesitzer. Als solche trugen sie die Nase noch ein Stückchen höher, und weil Geld keine Rolle spielte, begannen sie nun, sich prunkvolle Villen in der Hauptstadt Palermo zu errichten. Hier bot sich ein angenehmes kulturelles Leben mit rauschenden Bällen und anderen unterhaltsamen Vergnüglichkeiten. So überließen sie ihre abgelegenen Landgüter jeweils Verwaltern, die ihr Vertrauen genossen, den sogenannten „Gabellotti". Diese Gabellotti rückten nun in eine neue Machtposition zwischen den adeligen Großgrundbesitzern und den armen Bauern auf. Zumeist schlitzohrig und raubeinig, zwar relativ ungebildet, aber durchaus gewitzt, entwickelten sie ein wirkungsvolles Netzwerk, durch dessen Strukturen sowohl die Aristokraten als auch die einfachen Bauern kontrolliert wurden. Es gilt als Wiege der Mafia.

Aber noch eine andere Entwicklung fiel in diese Zeit. Die Adeligen hatten stets Wert darauf gelegt, ihren Wohlstand nach außen hin zu zeigen. Sie ließen sich luxuriöse Domänen erbauen, legten Wert auf Kunstobjekte, Schmuck und kostbare Kleidung. Immer bunter und prächtiger zeigten sie ihren Wohlstand nach außen, kein Wunder, dass eines Tages auch die großen Kutschen an die Reihe kamen. Diese wurden über und über mit farbenfrohen Mustern verziert.

Vielleicht war es Trotz, vielleicht die Hoffnung auf Verbesserung ihrer Situation, vielleicht auch einfach bloßer Übermut. Jedenfalls begannen ungefähr zeitgleich mit der Abschaffung des Lehenswesens immer mehr Kleinbauern, ihre einfachen Eselskarren ebenfalls mit detailreichen Malereien und allerhand Schnitzwerk zu verzieren. Niemand wollte dem anderen nachstehen, und so war es irgendwann Ehrensache, dass kein sizilianischer Karren mehr ohne buntes Dekor über die Insel rollte. Da gab es farbenprächtige Muster und Ornamente sowie Motive aus der Geschichte, der Welt der Mythologie oder dem Alltagsleben der Bauern. Kein noch so kleines Eckchen des Karrens wurde dabei ausgelassen. Regional entwickelten sich individuelle Stilrichtungen, die wie Trachten oder Gebräuche sogleich die Herkunft des einzelnen Wagens verrieten.

Eine Menge gab es zu transportieren, von Lebensmitteln und Wein über Brennholz bis hin zu Eis, das als Kühlmittel von den Höhen des Ätna herbeigeschafft wurde. Zu besonderen Festtagen oder Feierlichkeiten wie Kindstaufen und Hochzeiten putzte die Bauernfamilie sich vor Besteigen des Karrens nicht nur selbst heraus, sondern schmückte auch ihren Zugesel prachtvoll. Der „Carretto" war zum allgegenwärtigen Transportmittel und Wahrzeichen Siziliens geworden.

Doch dann kamen die dreirädrigen Motorkarren, die Ape. Sie waren noch praktischer als die Karren und vor allem genügsamer, als der anspruchsloseste Esel es sein konnte. Nach und nach verschwanden die Carretti aus dem Straßenbild Siziliens. Besonders schöne Exemplare wanderten in kleine regionale Ausstellungen oder in die großen Museen von Palermo und Trapani. Hier werden sie bis zum heutigen Tag alljährlich zu Festumzügen im Frühjahr noch einmal hervorgeholt.

Aber so ganz haben die Sizilianer von ihrer Tradition nicht gelassen. Statt der Eselskarren werden nun mancherorts Ape-Kleinlieferwagen oder Autos bemalt. Eines davon steht vor dem Souvenirgeschäft in Selinunt. Und drinnen im Laden kann ich mir auch gleich einen Miniatur-Eselskarren zum Aufstellen kaufen. Ob es wohl eine echt sizilianische Handarbeit ist?

Insalata di arance - Orangensalat

Zutaten für 4 Personen: *6 Blutorangen, 3 Schalotten, 1 Fenchelknolle, 80 ml Olivenöl, 15 schwarze Oliven ohne Stein, 1 kl. Bund Basilikum, grobes Meersalz, weißer Pfeffer*

Zubereitung: *Den Fenchel putzen, vierteln, den inneren Strunk entfernen und den Rest in sehr feine Streifen schneiden. Die Orangen so schälen, dass auch die weiße Haut entfernt wird, und filetieren, indem die einzelnen Scheiben direkt neben den weißen Innenhäuten eingeschnitten und daraus entnommen werden. Die Schalotten schälen und sehr fein hacken. Die Oliven in Scheibchen schneiden. Die Basilikumblättchen abzupfen und in grobe Stücke reißen.*

Nun alles in eine Schüssel geben und mit dem Olivenöl übergießen. Mit Meersalz und Pfeffer würzen und gut durchmischen.

20 Minuten lang abgedeckt im Kühlschrank durchziehen lassen. Mit knusprigem Weißbrot servieren.

Aischylos und Anchovis – der letzte Fischer von Gela

Maurizio kommt aus Gela. Gela ist eine Stadt in der Provinz Caltanissetta, hat knapp achtzigtausend Einwohner und liegt im Süden Siziliens direkt am Meer. Auch Gela wurde einst von dorischen Griechen gegründet, es hatte große Bedeutung bei der Hellenisierung der Insel. Der berühmte Dichter Aischylos starb während einer Sizilienreise in Gela, es heißt, dass ein Adler seinen Glatzkopf mit einem Stein verwechselte. Weil der Adler gerade eine Schildkröte erbeutet hatte, ließ er diese aus großer Höhe auf den Dichterkopf fallen, in der Annahme, sie werde auf dem vermeintlichen Stein zerschellen. Stattdessen zerschellte jedoch das Haupt des Aischylos, und zu den sieben Tragödien, die wir noch heute von ihm kennen und aufführen, kam außer seinem eigenen Tod keine weitere mehr hinzu.

Doch das interessiert Maurizio nicht so sehr. Denn Maurizio ist Fischer. Sein tägliches Brot ist es, mit einem kleinen Boot hinaus aufs Meer zu fahren, seine Langleine auszulegen und auf einen guten Fang zu hoffen. So hat es schon sein Vater gemacht, und sein Großvater vor diesem. Die Fischerei ist in Maurizios Familie eine gute alte Tradition, und deshalb hat sich die Frage nie gestellt, ob Maurizio vielleicht einem anderen Beruf nachgehen sollte, als er erwachsen wurde.

Das war in den Siebzigerjahren des vorigen Jahrhunderts, an Siziliens Küsten gab es damals unzählige Fischer. Die meisten legten Schleppnetze aus, viele andere nutzten Ringwaden. Das sind riesige, kreisrunde Netze, die um einen ganzen Fischschwarm ausgelegt werden und reiche Beute versprechen.

Doch in Maurizios Familie benutzte man seit jeher Langleinen. Bei dieser Technik sind an der Hauptleine zahlreiche Nebenleinen mit Ködern befestigt. Es ist eine nachhaltige Fischereimethode, sagt Maurizio. Denn anders als bei der Schleppnetzfischerei wird der Meeresboden dabei nicht beschädigt. Maurizio fängt in erster Linie Anchovis. Das sind Sprotten, eine schwarmbildende Art aus der Heringsfamilie, silbrig-blau glänzende Fischchen, die bis zu sechzehn Zentimeter lang werden.

Maurizios Boot ist nur knappe zehn Meter lang. Sein Revier ist der felsige Grund innerhalb von sechs Seemeilen vor der Küste und reicht bis zu hundert Meter in die Tiefe hinab. Mit seinem Fang beliefert Maurizio die Restaurants von Gela. Der Rest geht auf den Fischmarkt von Syrakus.

Als Maurizio Fischer wurde, gab es viele Kollegen im Hafen von Gela. Sie alle hatten kleine Boote, und sie teilten die Fanggründe untereinander auf. Wer eine neue Fangkonzession haben wollte, der bekam sie ohne Probleme. Schon immer hatten die Familien hier vom Fischen gelebt, niemand rechnete damit, dass es einmal anders werden sollte.

Doch schon Ende der Siebzigerjahre gab es erste Anzeichen dafür. Die Männer brachten immer weniger Fische von ihren Fangfahrten mit sich zurück. Als die Regierung schließlich Ende der Achtzigerjahre die Vergabe von neuen Fangerlaubnissen stoppte, waren die Erträge schon fast um die Hälfte zurückgegangen. Es gab immer weniger Fische, und der Grund dafür war die Überfischung des Mittelmeers.

Doch daran trug Maurizio keine Schuld. Es waren die immer größeren Schleppnetze derer, die nun mit ebenfalls immer größer werdenden Booten Siziliens Küstengebiete ausbeuteten. Sie fingen immer mehr, und sie machten sich längst nicht mehr die Mühe, ihren Beifang auszusortieren und zurück ins Meer zu werfen. Stattdessen begannen sie, auch die gefangenen kleinen Grünaugen und Garnelen zu verkaufen. So kam es, dass die größeren Fischarten nicht nur unter der Überfischung litten, sondern auch unter dem Nahrungsmangel. Die Bestände von Seehecht und Barbe gingen zurück, der früher so beliebte Thunfisch verschwand vor den Küsten fast vollständig. Traditionell jagten die Sizilianer ihn mit der „Mattanza“, das heißt ganz brachial „Abschlachten“. In Meerengen trieben sie die auf dem Weg zu ihren Laichgründen vorbeiziehenden Fische in ein System von Netzen, in Fabriken wurde der Fang gleich im Anschluss daran weiterverarbeitet. Doch die immer größer werdenden internationalen Fischfangflotten fischten die Thunfischschwärme ab, lange bevor sie Sizilien erreichen konnten. Die Mattanza findet deshalb heute nur noch zur Unterhaltung der Touristen statt. Reiche Beute ist damit längst nicht mehr zu machen.

Immer mehr Fischer gaben auf. Im Osten von Sizilien gibt es deshalb heutzutage kaum noch Fischer. Die große Fischereiflotte konzentriert sich auf den Westen der Insel, Hauptstandort ist Mazara del Vallo. Mittlerweile werden Seebarsch und Meerbrasse auch in Aquakulturen gezüchtet. Eine davon befindet sich in der Lagune von Marsala, die andere bei Syrakus. Aber Maurizio ist kein Farmer, der Tiere züchtet. Er hat sich dazu entschlossen, in der Tradition seiner Vorfahren weiterzumachen, und wenn es auch heißen mag, dass er der letzte Fischer von Gela ist.

Er trägt eine Kiste mit Anchovis zu seinem Freund Tomaso, der ein kleines Speiselokal in der Stadt betreibt. Der Weg führt Maurizio durch die engen Gassen von Gela, vorbei an den Häusern, die sich ähneln wie die Geschwister einer ärmlichen Großfamilie. Helle, schmucklose Fassaden, drei Etagen, vor denen sich die Balkone aneinanderdrängen, bestückt mit Satellitenschüsseln und stets mit trocknender Wäsche vollgehängt. Fast, als sei die ganze Stadt ein einziger großer Waschsalon.

Jetzt im Sommer werden in den Ausgrabungsstätten von Gela klassische Tragödien aufgeführt. In diesem Jahr steht „Die Perser“ von Aischylos auf dem Programm. Es geht um die Folgen der Niederlage des persischen Großkönigs Xerxes und seiner Truppen bei der Seeschlacht von

Salamis im Jahr 480 v. Chr., ein Gemetzel, an dem Aischylos selbst auf Seiten der Griechen teilgenommen hat. Maurizio wird sich die eine oder andere Aufführung ansehen, denn Umberto, sein Sohn, wirkt im Theaterchor mit.

Als Umberto erwachsen wurde, war es im Grunde wie bei seinem Vater, nur umgekehrt. Es gab keine Frage, welchen Beruf er nicht ergreifen würde. Die Fischerei war für ihn keine Option. Eine große Auswahl an Alternativen bot sich ihm hier im Süden Siziliens freilich auch nicht. Er entschied sich dafür, die Tradition der Insel auf andere Art zu wahren und hatte genug Glück, einen entsprechenden Job zu finden. Deshalb arbeitet er nun für das archäologische Museum von Gela, und zwar in der Ausgrabungsstätte am Capo Soprano. 1948 wurden hier die Befestigungsmauern wiederentdeckt, die Timoleon, der Tyrann von Syrakus, im Jahr 333 v. Chr. errichten ließ. Die acht Meter hohen Befestigungsanlagen sind zum Teil erstaunlich gut erhalten. Auf einer Strecke von dreihundert Metern wurden sie freigelegt, ein Zeltdach schützt einen Teil davon vor dem Verfall und spendet den Besuchern wohltuenden Schatten. Denn die Ausgrabungen ziehen immer mehr Touristen nach Gela.

Dann stellen sie vielleicht fest, dass auch der langgezogene Sandstrand an der Küste von Gela gar nicht so schlecht ist. Möglicherweise bleiben sie ein bisschen länger, und am Abend kehren sie im Ristorante von Maurizios Freund Tomaso ein. Der wird ihnen die Pasta Ca' Muddica als besondere Spezialität empfehlen, ein ursprüngliches Pasta-asciutta-Gericht, Nudeln mit gebratenen Anchovis. Bei Tomaso schmecken sie ganz besonders gut. Und zwar dank der fangfrischen Anchovis von Maurizio, Gelas letztem Fischer.

Pasta ca' Muddica – Nudeln mit Anchovis

Zutaten für 4 Personen: *400 g kurze, dünne Maccheroni, Penne Rigate oder Cellentani-Nudeln, 4 ausgenommene Anchovis (falls keine frischen verfügbar sind, kann man auch in Öl eingelegte Anchovis verwenden), 500 g Tomaten, 2 Knoblauchzehen, 1 Bd. Blattpetersilie, 100 g Semmelbrösel, Saft von ½ Zitrone, Olivenöl, grobes Meersalz, Pfeffer, Salz*

Zubereitung: *Die Anchovis waschen und auf Küchenkrepp abtropfen lassen. Die Tomaten mit siedendem Wasser überbrühen und häuten, dann aufschneiden, entkernen und das Fruchtfleisch danach in kleine Würfel schneiden. Die Knoblauchzehen schälen. Die Petersilienblättchen abzupfen und grob hacken. In einer Pfanne einen guten Schuss Olivenöl erhitzen. Die Anchovis mit grobem Meersalz bestreuen und zusammen mit den Knoblauchzehen in das heiße Öl geben. Pfeffern und von beiden Seiten braten, bis die Anchovis zerfallen. Nun die Knoblauchzehen herausnehmen und die Tomatenwürfel, den Zitronensaft sowie zwei Drittel der Petersilie hinzugeben. Die Hitze reduzieren und bei mittlerer Hitze 5 Minuten lang garen lassen. Mit Salz und Pfeffer abschmecken. In einer zweiten Pfanne etwas Olivenöl erhitzen und die Semmelbrösel darin goldbraun rösten. Die Nudeln al dente kochen, dann abgießen und mit ein wenig des Kochwassers zurück in den Topf geben. Die Anchovis-Sauce darübergeben und alles gut vermischen. Auf Tellern anrichten, anschließend mit den Semmelbröseln und der restlichen Petersilie überstreuen.*

Menschen auf Sizilien – eine Reise durch die Jahrhunderte

Nun haben wir bereits erfahren, dass Sizilien alles andere als eine langweilige, einsame Insel irgendwo im Mittelmeer ist. Vielmehr ist es ein pulsierendes Sammelbecken der verschiedensten Kulturen. Um seine sehr speziellen Eigenheiten besser verstehen zu können, ist ein kurzer Abriss seiner bewegten Geschichte bestimmt hilfreich. Lassen wir die Geschehnisse der vergangenen Jahrhunderte deshalb einmal kurz Revue passieren.

Unsere Zeitreise führt uns zunächst zurück in den Zweiten Weltkrieg. Damals richteten die Alliierten in einer Höhle am Monte Pellegrino bei Palermo ein Sprengstofflager ein. Dabei kam es zu einer Explosion, und erstaunt stellten die Soldaten fest, dass die Wände des dabei freigelegten Höhlenabschnitts mit Felsritzungen bedeckt waren.

Ungeachtet der turbulenten Kriegszeit gelang es, eine Archäologin hinzuzuziehen, und diese erkannte darin vorzeitliche Kunstwerke, die ein Alter von zwölf- bis vierzehntausend Jahren aufweisen. Bis heute ist umstritten, welche Ereignisse die Abbildungen von Menschen und Tieren darstellen. Man kann sie im archäologischen Museum von Palermo bewundern, der Fundort selbst, die Höhle von Addaura, ist allerdings nicht öffentlich zugänglich.

Ein schlechtes Leben hatten die steinzeitlichen Menschen auf Sizilien sicherlich nicht. Damals war die Insel noch dicht bewaldet. Die Urwälder waren reich an Wild, außerdem speicherten sie die rare Feuchtigkeit und schufen damit ideale Bedingungen für das Wachstum von Früchten aller Art. So gab es für die Menschen ein üppiges Nahrungsangebot.

Als die Griechen um 750 v. Chr. mit der Kolonialisierung Siziliens begannen, fanden sie dort noch diese paradiesische Ursprünglichkeit vor. Kein Wunder also, dass sie äußerst angetan von der Insel waren und entlang der Küsten zahlreiche Städte gründeten. Angesichts der überbordenden Fruchtbarkeit brauchten die Siedler sich um ihr leibliches Wohlergehen keine Sorgen zu machen. Ihre landwirtschaftlichen Betriebe produzierten Wein, Olivenöl, Gemüse, Obst und Weizen, dazu Käse, Honig, Fleisch, Nüsse sowie Holz. Schon damals handelte es sich um riesige Güter in den Händen weniger Landherren, und mittellose Arbeiter schufteten auf den Feldern. Sie erwirtschafteten derart große Erträge, dass Sizilien rasch zum florierenden Exportland aufstieg.

Seine landschaftliche Schönheit mit den fantastischen Ausblicken begeisterte die Hellenen nicht minder. Sie errichteten Amphitheater vor atemberaubenden Kulissen, und sicherlich verlieh diese Szenerie ihren Dichtern Flügel und inspirierte sie zu Geschichten von allerlei Mysterien. Doch auch die Wissenschaften blühten in dieser Umgebung auf. Der große Archimedes, einer der bahnbrechendsten Mathematiker der Antike, stammte aus Syrakus, in jener Zeit eine der wichtigsten Städte im ganzen Mittelmeerraum. Hier formten seine Gedanken die sprichwörtlichen Kreise, deren Störung er sich noch angesichts des bevorstehenden Todes verbat.

Doch ohne Rücksicht auf diesen Wunsch wurde dem großen Denker das Leben genommen. Sein Mörder war ein Soldat, der den römischen Truppen angehörte, die Syrakus während des Zweiten Punischen Krieges drei Jahre lang belagert hatten. Bei den Punischen Kriegen ging es eigentlich um Scharmützel zwischen Karthago und Rom, doch das geografisch zwischen den beiden Streithähnen gelegene Sizilien geriet dabei in die Schusslinie. Rom ging am Ende als Sieger aus der blutigen Rangelei hervor, und weil der Stern der Griechen ohnehin im Sinken begriffen war, verleibte sich das junge römische Reich die Insel kurzerhand als seine allererste Provinz ein. Ab 215 v. Chr. stand sie unter römischer Herrschaft.

Auch die Römer wussten die große Fruchtbarkeit der Insel zu schätzen. Im Gegensatz zu den Griechen hatten sie aber weit ehrgeizigere Ziele, was die Ausdehnung ihres Machtbereichs anbelangte. Sie strebten nichts Geringeres als die Weltherrschaft an. Dazu war natürlich ein militärischer Apparat erforderlich, der seine Stützpfeiler in befestigten Kastellen für die Soldaten und in einer mächtigen Flotte fand. Für beides benötigten die Römer Holz. Auf der anderen Seite mussten die vielen hungrigen Mäuler des wachsenden Riesenreichs gestopft werden. Das verlangte nach Unmengen von Weizen. Und weil man für dessen Anbau freie Flächen benötigt, verbanden die Römer den einen Bedarf mit dem anderen und schlugen Sizilien rigoros kahl. Auf dem fruchtbaren Untergrund der früheren Urwälder wurde nun intensive Landwirtschaft betrieben. Die Römer betrachteten Sizilien in erster Linie als eine gigantische Kornkammer. Die großen Landbetriebe ließen sie deshalb bestehen, auch die mit dem Landbau gut vertrauten griechischen Aristokraten durften bleiben. Die griechischen Landarbeiter fielen in die Sklaverei, womit sich genau genommen für sie nicht viel änderte. Die Sprache, die Gebräuche und die Götterwelt Griechenlands existierten auf Sizilien auch in römischer Zeit weiter fort. Erst mit der Christianisierung gegen Ende des vierten Jahrhunderts n. Chr. änderte sich das.

Die frisch zum Christentum bekehrten Großgrundbesitzer wollten sich nicht lumpen lassen und schenkten ihren Landbesitz der jungen Kirche. So kam es, dass schon bald der Klerus im Besitz des Löwenanteils am sizilianischen Boden war.

Zur gleichen Zeit begann die Feste des Römischen Reichs zu wanken. Es zerfiel in Ost- und Westrom, wobei Sizilien zunächst zum weströmischen Hoheitsgebiet gehörte. Doch schon 535 verleibte sich Ostrom die Insel ein, und mit den Byzantinern kamen erneut Griechen nach

Sizilien. Diese hatten freilich inzwischen den orthodoxen Glauben angenommen, und so breitete sich die orthodoxe Kirche nun auf der Insel aus.

Doch auch Ostrom hatte starke Konkurrenz. Die Araber bedrängten das Reich, und ganz wie zuvor die Römer entwickelten auch sie einen starken Expansionsdrang. Es zog sie nach Norden, und wieder fand sich Sizilien aufgerieben zwischen den Streitereien zweier Großmächte. Dieses Mal gingen die Araber siegreich daraus hervor, Sizilien wurde 831 zum Emirat.

Nun kamen arabische Siedler und brachten ihre Besonderheiten mit auf die Insel. Das waren nicht nur die orientalische Architektur und Lebensweise, sondern auch eine weit entwickelte Technologie. Als Wüstenbewohner verstanden die Araber sich auf ausgeklügelte Bewässerungssysteme. Deshalb blühte die Landwirtschaft unter ihnen weiter auf, zumal sie neue, exotische Nutzpflanzen mit nach Sizilien brachten: Zitrusgewächse, Pflaumen- und Mandelbäume, Melonen, Reis, Zuckerrohr und Dattelpalmen. Sie verstanden es aber beispielsweise auch, ganze Gebäude durch ausgeklügelte Wassersysteme zu kühlen.

Die Präsenz der andersgläubigen Orientalen war den Päpsten natürlich ein Dorn im Auge. Sie betrachteten Sizilien als Eigentum der römischen Kirche, und eines Tages heuerte einer von ihnen ein Söldnerheer an, um die Araber auf der Insel zu entmachten. Im Jahr 1071 hatte sein Vorhaben schließlich Erfolg.

Die päpstlichen Söldner waren Normannen aus Nordfrankreich. Sie unterstanden zwei Königssöhnen, die bei der Erbfolge leer ausgegangen waren. Ihnen hatte der Papst die zu erobernde Insel als zukünftiges Lehen versprochen, ein Angebot, dass die landlosen Normannen nur zu gerne annahmen. Sie erhielten die Adelswürde, in der Folge stiegen ihre Nachkommen sogar zu Königen von Sizilien auf. Die Normannen wiederum waren die Nachfahren von Wikingern aus skandinavischen Ländern. Selbst der Heimat entwurzelt, waren sie durchaus tolerant gegenüber ihren neuen Nachbarn. Sie ließen die unterworfenen Araber nicht nur gewähren, sondern nutzten auch deren Kenntnisse bei der Weiterentwicklung der sizilianischen Kultur. Doch Landesreligion war nun wieder das Christentum, die arabische Amtssprache wurde vom Lateinischen abgelöst. Denn offiziell unterstand Sizilien jetzt dem Papst. Dieser übergab den Normannen das Land wie versprochen als Lehen, womit das bereits geschilderte Großgrundwesen seinen Fortgang nahm, das ja schon seit griechischer Zeit auf der Insel geherrscht hatte.

Die Normannen wirtschafteten klug und erlangten damit großen Reichtum. Allerdings weigerten sie sich beharrlich, ihre Machtbefugnisse an geeignete Verwalter zu delegieren und bestanden stattdessen auf einer Zentralregierung. Unter den weniger talentierten Nachfolgern der ersten Könige drohte Sizilien deshalb allmählich ins Chaos abzugleiten.

Da trat der Staufer Friedrich I., genannt Barbarossa, auf den Plan. Schlau erkannte der Kaiser des römisch-deutschen Reichs das sich anbahnende Machtvakuum auf der Mittelmeerinsel und verheiratete seinen Sohn Heinrich VI. mit Konstanze, der Tochter des sizilianischen Normannenkönigs Roger II. Dieser war längst verstorben, und sein Nachfolger Wilhelm II. war mehr mit seinem luxuriösen Lebensstil als mit der Zeugung von Nachkommen beschäftigt. Nach seinem Tod wurde deshalb Heinrich im Jahr 1194 König von Sizilien.

Es folgten siebzig Jahre der staufischen Herrschaft, eine verblüffend kurze Epoche, wenn man bedenkt, wie sehr auch die Staufer Sizilien geprägt haben. Besonders Friedrich II., Sohn Heinrichs und Konstanzes, tat sich in dieser Hinsicht hervor. Der hochgebildete Monarch sorgte unter anderem für eine Vereinheitlichung des sizilianischen Rechtssystems. Allerdings stieg ihm seine Macht zu Kopfe, er erhob sich eigenmächtig zum Kaiser von Sizilien. Das wiederum missfiel dem Papst, erzürnt exkommunizierte er Friedrich, und als dieser schließlich starb, engagierte der Papst einen treuen Vasallen, um Sizilien von den Staufern zurückzuerobern. Dieser päpstliche Vasall war Karl von Anjou, Sohn des französischen Königs. Seine Herrschaft auf Sizilien währte zwar nur kurz, doch ist sie mit einem traumatisierenden Ereignis verbunden: der Sizilianischen Vesper. Die französischen Eroberer taten sich durch gnadenlose Grausamkeit gegenüber den Insulanern hervor, was zuletzt 1282 in einem blutigen Volksaufstand mündete. Überall auf Sizilien erhoben sich die Einheimischen, die Insel versank unter einem einzigen gewaltigen Gemetzel. Am Ende gab es zigtausende von Toten und keinen einzigen Franzosen mehr.

Sizilien war zu dieser Zeit schon seit langem zentralistisch regiert worden. Mit regionalen Verwaltungen hatte man keinerlei Erfahrungen. Statt das System neu zu überdenken, suchten die alteingesessenen Aristokraten der Einfachheit halber einen neuen Monarchen und verfielen dabei auf den Spanier Peter von Aragón, weil dieser ein entfernter Schwippschwager Friedrichs II. war. Man lud ihn dazu ein, König von Sizilien zu werden und mit seinen Spaniern als Schutzmacht über die Insel zu wachen. So nahm 1282 die spanische Herrschaft auf Sizilien ihren Anfang, die – von kurzen Unterbrechungen abgesehen – fast sechshundert Jahre lang währen sollte.

Die Spanier betrachteten Sizilien allerdings nur als eine untergeordnete Provinz und kümmerten sich nicht viel darum. Im Wesentlichen brachten sie eigentlich nur während der Epoche des Barock ihren spanischen Baustil auf die Insel und prägten damit das Erscheinungsbild der schönen Barockstädte. Ansonsten beschränkten die Spanier sich darauf, Sizilien als militärischen Außenposten zu betrachten.

Ihr mangelndes Interesse führte dazu, dass die sizilianischen Aristokraten im Laufe der Zeit allmählich zunehmende Macht erlangten, indem sie immer mehr Befugnisse an sich rissen. So entwickelten sie sich zu Feudalherren, die auf ihrem jeweiligen Territorium die absolute Gewalt für sich beanspruchten.

Gegen Ende der spanischen Herrschaftsperiode kam es dreimal zu kurzfristigen Machtwechseln. Im 18. Jahrhundert übernahm für eine Weile der Piemonter Viktor Amadeus die Oberhoheit, nach ihm probierte es der Österreicher Karl VI. Beide scheiterten an der Unbeugsamkeit der sizilianischen Adeligen. Das Intermezzo britischer Besatzung zu Beginn des 19. Jahrhunderts führte zur Verfassung von 1812 und damit zur schon erwähnten Abschaffung des Feudalwesens. Der König erhielt nun Steuern statt Lehensgebühren, ansonsten änderte sich nicht viel.

Als dann während des Risorgimento im 19. Jahrhundert der italienische Staat gegründet wurde, waren die Spanier so weit geschwächt, dass Sizilien dem jungen Nationalgebilde nahezu widerstandslos einverleibt werden konnte. Zu diesem Zweck landete der Oberrevolutionär Giuseppe Garibaldi 1860 mit nur tausend Männern auf der Insel, eine Streitmacht, die sich als vollkommen ausreichend erwies, um die Spanier zum endgültigen Rückzug zu bewegen. Denn längst war Spanien keine Weltmacht mehr und hatte mit Konflikten im Inneren gerade schon genug Sorgen.

Unzufrieden mit der neuen Situation waren nur die sizilianischen Adeligen, die sich mit den desinteressierten

Spaniern weit besser hatten arrangieren können als mit den ehrgeizigen neuen Regenten. Denn unter der konstitutionellen Monarchie des Risorgimento entwickelten sich tatsächlich auch republikanische, demokratische und sogar sozialistische Strömungen.

Doch Sizilien mit seinen sehr speziellen Strukturen war wesentlich rückständiger als der Rest Italiens. Schließlich war das Gros seiner Bevölkerung seit vielen Jahrhunderten komplett unterdrückt worden und musste sein Dasein unter dem Joch schwerer Arbeit und in auswegloser Armut fristen. Neunzig Prozent der Sizilianer waren Analphabeten. Hatten diese Menschen darauf gehofft, das Risorgimento würde ihre Lebensbedingungen endlich zum Besseren hin ändern, so wurden sie bitter enttäuscht. Die alte Hierarchie blieb weiterhin bestehen. Das führte dazu, dass außerordentlich viele Sizilianer im zwanzigsten Jahrhundert ihr Glück in der Ferne suchten. Allein vor dem Ersten Weltkrieg verabschiedeten sich anderthalb Millionen Menschen für immer von ihrer Heimat und brachen in Richtung Südamerika und Australien, vor allem aber nach Nordamerika auf. Drei Viertel der italienischstämmigen US-Amerikaner haben sizilianische Wurzeln.

Nach dem Zweiten Weltkrieg kam die Welle der sogenannten Gastarbeiter hinzu, eine weitere Million Sizilianer zog davon und wanderte ins aufstrebende Nordeuropa aus. Was das für die Insel bedeutete, wird klar, wenn man sich vor Augen führt, dass Sizilien heute knapp fünf Millionen Einwohner hat. Damit ist es aber immerhin eine der am dichtesten besiedelten Regionen nicht nur Italiens, sondern des gesamten Mittelmeerraums.

Natürlich waren es vornehmlich die jungen und energiegeladenen Leute, die Sizilien im letzten Jahrhundert verließen. Damit fehlte der dortigen Gesellschaft tatkräftiger Nachwuchs. In der Landwirtschaft mangelte es an Arbeitskräften, sodass die überfälligen Reformen schließlich unvermeidlich wurden. Die Auswanderer schickten Geld an die Zuhausegebliebenen, und Rückkehrer brachten ihre Ersparnisse mit in die Heimat. Das führte zu grundlegenden Veränderungen der alten Besitzverhältnisse, die die Insel seit mehr als zweieinhalb Jahrtausenden beherrscht hatten.

Bevor wir uns nun das Sizilien von heute einmal kurz ansehen, finde ich, dass wir uns eine kleine Erholungspause verdient haben. Und was könnte es dazu Angenehmeres geben als entspanntes Genießen der wunderbaren sizilianischen Küche?

Involtini alla siciliana con gnocchi di broccccoli – Rouladen mit Brokkoli-Gnocchi

Zutaten für 4 Personen: *4 dünne Kalbsrouladen, 400 g Brokkoli, 4 Scheiben Speck, 4 dünne Scheiben junger Pecorino-Käse, 3 Eier, 100 g geriebener würziger Pecorino (ersatzweise Parmesan), 80 g Pinienkerne, 1 Bd. Suppengrün, 1 Zwiebel, 250 ml Rotwein, 200 ml Rinderfond, 80 g Paniermehl, 4 Blättchen Minze, Olivenöl, Salz, Pfeffer*

Zubereitung: *Zwei Eier aufschlagen und in eine Schüssel geben. 20 g geriebenen Pecorino hinzugeben, salzen, pfeffern und alles miteinander verquirlen. In einer großen beschichteten Pfanne etwas Olivenöl erhitzen, die Eimasse hineingeben und zu einem dünnen Omelett braten. Die Pinienkerne fein zerhacken. Die Zwiebel schälen und würfeln, das Suppengemüse putzen und kleinschneiden. Die Rouladen auf der Arbeitsfläche ausbreiten. Das Omelett in vier Streifen schneiden und jeweils auf eine Roulade legen. Dann je eine Scheibe Speck und Pecorino sowie die Pinienkerne und ein wenig Zwiebeln darauf verteilen. Salzen, pfeffern, aufrollen und mit Rouladennadeln befestigen. In einem Topf Olivenöl erhitzen und die Rouladen darin ringsum kräftig anbraten. Dann das Suppengemüse und die restlichen Zwiebeln hinzugeben, kurz mit anbraten und schließlich mit Rotwein und Rinderfond ablöschen. Aufkochen, dann die Hitze reduzieren, salzen, pfeffern und das Ganze 2 Stunden lang bei schwacher Hitze köcheln lassen, dabei mehrfach wenden.*

Die Brokkoliröschen ablösen, waschen und in gesalzenem Wasser kochen, bis sie weich sind. Anschließend in einem Sieb gut abtropfen lassen. In eine Schüssel geben und mit einer Gabel zerkneten. Salzen, pfeffern und den restlichen geriebenen Pecorino, das Ei sowie das Paniermehl hinzugeben. Die Minzeblättchen fein hacken und ebenfalls hinzugeben. Alles gut miteinander verkneten, dann kleine Klößchen daraus formen. In einer hohen Pfanne reichlich Olivenöl erhitzten und die Klößchen darin ringsum goldbraun ausbacken. Auf Küchenkrepp abtropfen lassen.

Die fertig gegarten Rouladen aus dem Topf nehmen und mit Alufolie abgedeckt ein paar Minuten lang ruhen lassen. In der Zwischenzeit die Sauce aufkochen und einreduzieren lassen. Dann mit dem Pürierstab das darin befindliche Gemüse zerkleinern und eine homogene, dickflüssige Sauce erstellen.

Die Rouladen auf Tellern anrichten, mit der Sauce beträufeln und die Brokkoli-Gnocchi dazulegen.

Die Explosion der Aromen – Siziliens Küche

Mein Vater ist während des Zweiten Weltkriegs eine Zeitlang auf Sizilien stationiert gewesen. Das war wohl für ihn keine schlechte Erfahrung, denn er brachte eine Vielzahl von Geschichten und eine tiefe Liebe zu Sizilien mit zurück in die Heimat. Auch hatte er mit einer Familie aus Caltagirone Freundschaft geschlossen, vor allem mit deren Sohn Giampiero, mit dem er zeitlebens Kontakt hielt.

Mehrfach hat er Giampiero und dessen Familie auf Sizilien besucht, und so kam es, dass auch ich mich eines Tages mit meinen Eltern am Tisch der sizilianischen Großfamilie einfand. Giampiero war Zahnarzt geworden, und er trug den Beinamen „il Tedesco" – der Deutsche. Und zwar keineswegs aufgrund seiner Freundschaft mit meinem Vater, nein, er war groß und auffallend hellhaarig. Welchen Vorfahren er dieses Aussehen verdankte, können wir uns nach allem, was wir nun über Siziliens Geschichte wissen, wohl denken.

Auch Giampiero hatte inzwischen Frau und Kinder, und wie in Italien üblich gesellten sich zu der Runde am Esstisch außerdem noch seine Eltern und ein paar Geschwister, die ihrerseits wiederum Ehepartner und Kinder mitgebracht hatten. Es war eine große, fröhliche Runde, und wir Gäste aus dem Norden wurden nach Strich und Faden mit sizilianischen Delikatessen verwöhnt.

Was es im Einzelnen gab, habe ich längst vergessen. Aber ich erinnere mich noch gut an die erste Vorspeise. Der Schock wirkte auf meinen jugendlichen, an biedere deutsche Hausmannskost gewöhnten Gaumen so nachhaltig, dass alles später Dargereichte davor verblasste und deshalb keinen Einzug mehr in meine Erinnerung finden konnte. Es gab kalte, gekochte Tintenfischringe, für mich der kulinarische Super-GAU. Natürlich war ich wohlerzogen und hätte es niemals gewagt, die Gastgeber zu brüskieren. Folglich habe ich die zähen Dinger mit Todesverachtung hinuntergewürgt, eine Erfahrung, die sich tief in meine Erinnerung eingebrannt hat. Trotzdem habe ich mich schon bald wieder aufgerafft und den sizilianischen Gerichten eine neue Chance gegeben. Denn diese Küche hat die allerköstlichsten Dinge zu bieten!

Meeresfrüchte und Fisch sind natürlich traditionell stets einer ihrer wesentlichen Bestandteile gewesen. Für die Köche auf einer Insel ist das ja auch naheliegend. Krustentiere, Tintenfisch, Schwertfisch, Thunfisch, Anchovis oder Sardinen kommen selbstverständlich nicht nur gekocht auf den Tisch, sondern auch gebraten, gegrillt, frittiert, geräuchert oder in Öl konserviert. Durch die Überfischung und den Rückgang des Fischerberufs hat sich ihre Bedeutung für die sizilianische Küche allerdings in den vergangenen Jahrzehnten geändert. Manche Fischarten sind zudem so stark gefährdet, dass sich ihr Verzehr schon aus Gründen des Naturschutzes verbietet.

Fleisch wird in der Küche Siziliens recht sparsam verwendet. Das hat seine Gründe in der jahrhundertelangen Armut des überwiegenden Bevölkerungsteils. Fleisch war eine ausgesprochene Kostbarkeit, und wenn geschlachtet wurde, dann verwertete man alles, was das Tier hergab. Deshalb werden bei einer Vielzahl von Gerichten die Innereien verarbeitet. Kommt hingegen das Fleisch auf den Tisch, so serviert man gerne Rinderrouladen, Lamm- und Schweinefleisch oder Wildkaninchen.

Ständig verfügbar waren aber selbst in den einfachsten bäuerlichen Küchen seit jeher die vielen Anbauprodukte des fruchtbaren Landes. Das sind unter anderem Zitronen, Orangen, Mandarinen, Oliven, Fenchel und Bohnen, dazu Mandeln, Pistazien und Pinienkerne.

Die Basis der sizilianischen Küche ist das hervorragende, besonders fruchtige Olivenöl, das sowohl zum Braten als auch für Salate Anwendung findet. Gerne beträufelt man sein Brot damit und verzehrt es mit ein bisschen Meersalz aus der Gegend von Trapani. Dagegen ist der Gebrauch von Butter in sizilianischen Rezepten so gut wie unbekannt.

Besonders beliebt sind Auberginen. Neben den lilafarbenen gibt es auf Sizilien auch eine runde Sorte, die weiß-violett ist und süßlich schmeckt. Sizilien ist eine farbenfrohe Insel, deshalb ist der Blumenkohl hier keineswegs langweilig weiß, sondern grün oder sogar lila. Auch Paprika und Zucchini gibt es in verschiedenen Sorten, die auffälligste davon ist eine Riesenzucchini, die bis zu einem Meter lang werden kann. Artischocken waren lange Zeit das typische Armeleuteessen, deshalb gibt es eine Vielzahl von Artischockenrezepten. Sizilianische Artischocken sind klein, die äußeren Blätter und die harten Spitzen werden weggeschnitten, danach wird die komplette Artischocke weiterverarbeitet und verzehrt.

Aromatische Tomaten sind natürlich ein ganz wichtiger Bestandteil der sizilianischen Küche. Es gibt verschiedene Arten, für Saucen werden saftige, gut durchgereifte Tomaten verwendet, die festeren Exemplare wandern in den Salat. Natürlich sind die Tomaten sonnengereift, auch trocknet man sie zu Konservierungszwecken in der Sonne. Anschließend kann man sie zu 'Strattu weiterverarbeiten, einem Extrakt aus gesalzenen, getrockneten Tomaten. Für die Herstellung von hundert Gramm 'Strattu benötigt man mindestens zweieinhalb Kilo Tomaten, entsprechend geschmacksintensiv ist die fertige Paste. Mit gewöhnlichem Tomatenmark ist sie deshalb nicht zu vergleichen. Diese Spezialität stammt ursprünglich aus Agrigent und ist so etwas wie die geheime Zutat, mit der sizilianische Küchenchefs ihre typischen Gerichte abrunden.

Zitrusfrüchte reifen während des ganzen Jahres, zur Hauptblütezeit im Frühjahr versinkt die ganze Insel unter ihrem verführerischen Duft. Zitronensaft verfeinert zahlreiche Gerichte und findet auch Verwendung im beliebten Eisgetränk Granita sowie im Likör Limoncello.

Obst und Gemüse sind ausgesprochen schmackhaft und dazu auch noch preiswert. Das verdankt Sizilien seinem mineralreichen vulkanischen Boden sowie der hierzulande mit Licht und Wärme nicht gerade knausrig umgehenden Sonne.

Die traditionellen Rezepte verwenden aber auch viele Kräuter. Diese müssen gar nicht aufwendig angebaut werden, vielmehr lassen sie sich direkt am Wegesrand pflücken. Da gibt es wilden Fenchel, Oregano, Mangold, Borretsch, Petersilie, Distelartischocken und Zichorien, Thymian, Rosmarin, Basilikum und Lorbeer. Auch wilde Kapernsträucher wachsen auf der Insel, ihre ungeöffneten Blütenknospen werden im Frühjahr von Hand geerntet, in Essig eingelegt oder eingesalzen und kommen dann später als Kapern auf den Tisch.

Käse ist eine weitere wichtige Zutat der sizilianischen Küche. Besonders beliebt ist Ricotta, der für Süßspeisen und als Füllung oder Saucenzutat bei Nudelgerichten Verwendung findet. Außerdem gibt es den Pecorino, der schon seit der Zeit der alten Griechen auf Sizilien bekannt ist. Pecorino siciliano wurde ursprünglich aus reiner Schafsmilch hergestellt, heute wird preisgünstigeren Varianten teilweise auch Kuhmilch beigemengt. Es gibt ihn in verschiedenen Reifegraden, ganz frisch und ungesalzen als „Tuma“, jung und gesalzen als „Primo sale“, ausgereift und würzig als „Canistratu“. „Tumazzu“ ist reifer Pecorino, der mit Safran und Pfefferkörnern aromatisiert ist. Junger, weicher Pecorino wird auf Sizilien gerne anstelle von Mozzarella verwendet, der reife Pecorino ersetzt den Parmesan.

Aus dem Südosten Siziliens kommt außerdem der „Ragusano", ein quaderförmiger Kuhmilchkäse, der jung ein süßliches Aroma hat und mit zunehmender Reife kräftiger schmeckt. Der milde „Caciocavallo" ist birnenförmig und wird aus Kuh- oder Schafsmilch hergestellt.

Besonders wichtig ist auf Sizilien nach wie vor der Weizen. Angebaut wird Hartweizen, und daraus macht man neben Brot und gefüllten Teigtaschen, den „Scàccia", vor allen Dingen Pasta. Über zweihundert verschiedene Nudelsorten werden auf Sizilien feilgeboten, besonders beliebt sind jedoch Makkaroni und Spaghetti. Nudeln sind das Grundnahrungsmittel schlechthin. Die einfachsten Rezepte sind „Spaghetti aglio e olio" mit Knoblauch und Olivenöl oder „Pasta alla Norma" mit einer Tomaten-Auberginen-Sauce. Wie überall in Italien sind Nudelgerichte auf Sizilien aber lediglich ein Zwischengang, der nach den Antipasti als erster Gang vor der Hauptspeise gereicht wird.

Die sizilianische Variante der Pizza heißt „Sfincione" und hat einen gegenüber herkömmlicher Pizza etwas dickeren und leicht gesüßten Teig. Sie wird mit Pecorino, Tomaten und Sardellen belegt, außerdem ganz nach Geschmack mit Oliven, Zwiebeln, Knoblauch und/oder Salami.

Die fruchtbare Insel liefert seit jeher beste Zutaten. An diesen haben sich im Laufe der Jahrhunderte Köche verschiedenster Herkunft probiert, und sie alle haben ihre Spuren in der Küche Siziliens hinterlassen. Bereits im fünften vorchristlichen Jahrhundert existierte in Syrakus eine Kochschule, hier entstand sogar ein erstes Rezeptbuch. Beliebte Zutaten der damaligen griechisch-sizilianischen Küche waren Oliven, Ricotta, Honig und Wein.

Unter der römischen Herrschaft gewann dann der Weizen zunehmend an Bedeutung. Auch kamen die Römer auf die Idee, Eis vom Ätna zu holen und mit Fruchtsaft und Honig zu Speiseeis weiterzuverarbeiten. Sie lehrten die Landarbeiter, aus Saubohnen, Zwiebeln und Knoblauch ein nahrhaftes Püree herzustellen, das mit Brot verzehrt wurde. Jahrhundertelang blieb dieser Brei das Hauptnahrungsmittel der einfachen Bauern Siziliens.

Die Araber revolutionierten die sizilianische Küche dann mit den exotischen Früchten und Gewürzen, die sie mitbrachten. Ihre Idee war beispielsweise die Herstellung von frittierten, gefüllten Reisbällchen, den noch heute so beliebten „Arancini". Mit den Arabern zog aber auch die Süße auf der Insel ein, denn sie verstanden es, Zucker zu produzieren. Ihre Mandeln zermahlten sie und vermengten sie mit Rosenwasser und Zucker – fertig war das Marzipan. Bis heute zählen die „Frutta martorana", Früchte aus Marzipan, zu den beliebtesten Konditoreiwaren Siziliens. Süße Hörnchen, eine unglaubliche Vielfalt kleiner Küchlein, die „Pasticceria mignon", sowie die „Cannoli", frittierte, mit kandierten Früchten dekorierte Teigrollen mit cremiger

Füllung, sind ein Echo des arabischen Einflusses. Hinzu kommen die Mandeltorte und die legendäre Cassata, eine Schichttorte aus Biskuit, Ricotta, kandierten Früchten und vor allem viel Zucker. Je nach Rezept werden noch Schokolade, Pistazien, Pinienkerne, Likör oder Orangenblütenwasser hinzugefügt. Außerdem gibt es das berühmte Cassata-Eis, das dieser Torte nachempfunden ist. Dass auch sie orientalischen Einflüssen zu verdanken ist, verrät ihr Name, denn „Qashata“ ist arabisch und bedeutet „runde Schüssel“.

Die Normannen führten die noch heute beliebten Rouladen und den Stockfisch auf Sizilien ein. Und mit den Spaniern, die sich eifrig im neu entdeckten Amerika umtaten, kamen schließlich die unverzichtbaren Tomaten auf die Insel, außerdem auch Paprika in allen Variationen, von mild schmeckendem Gemüse bis hin zu scharfen Peperoncini. Und nicht zuletzt importierten die Spanier ihre Kenntnisse von der Schokoladenherstellung nach Sizilien.

Abgerundet werden die Mahlzeiten spätestens seit griechischer Zeit mit Wein. Die besonderen Bedingungen Siziliens bringen natürlich auch wohlschmeckende Weine hervor, von gehaltvollen Rotweinen wie Nero d’Avola, Perricone und Cerasuolo di Vittoria, trockenen Weiß- und Roséweinen bis hin zu Likörweinen, allen voran der weltbekannte Marsala. Ihn gibt es in verschiedenen Variationen, vom trockenen Aperitivo bis hin zum süßen Dessertwein. Als „Marsala all‘uovo“ wird er mit Eigelb und Zucker vermischt und mutiert zu einer dunklen, sirupartigen Süßspirituose.

Hat man zu viel gegessen und getrunken, so greift man zum Amaro Siciliano, das ist ein Kräuterbitter. Wer weiß, vielleicht hätte dieser mir seinerzeit sogar dabei helfen können, den zähen gekochten Tintenfisch zu vergessen und mich stattdessen auf die anderen Leckereien zu konzentrieren...

CASSATA – EINE SIZILIANISCHE TORTE

Zutaten: *200 g Mehl, 550 g Zucker, 1000 g Ricotta, 500 ml Sahne, 400 g gemischte kandierte Früchte, 100 g Zartbitterschokolade, 6 Eier, 150 g Pistazienkerne, 300 ml Orangenblütenwasser, 1 Vanilleschote, Salz, Butter zum Einfetten, Zeit*

Zubereitung: *Den Ricotta in ein Durchseihtuch geben und über Nacht abtropfen lassen.*

Für das Biskuit die Eier in eine Schüssel schlagen, 200 g Zucker sowie eine Prise Salz hinzugeben und das Ganze ins heiße Wasserbad setzen. Mit dem Handmixgerät auf höchster Stufe aufschlagen, bis eine dickliche Creme entstanden ist. Dann aus dem Wasserbad nehmen und 10 Minuten lang weitermixen. Anschließend das Mehl in die Creme sieben und mit einem Löffel vorsichtig unterheben. Eine Springform gut mit Butter einfetten und die Masse hineinfüllen. Den Backofen auf 160°C vorheizen, die Springform auf die untere Schiene stellen und den Teig 45-50 Minuten lang backen. Dann herausnehmen und in der Form vollständig abkühlen lassen.

300 g Zucker mit 200 ml Orangenblütenwasser in einen Topf geben. Die Vanilleschote aufschneiden und das Mark auskratzen, die Hälfte davon beiseitestellen.

Die andere Hälfte zusammen mit der ausgekratzten Schote ebenfalls in den Topf geben, alles aufkochen und unter ständigem Rühren 15 Minuten lang kochen lassen. Anschließend vom Herd nehmen, 15 Minuten lang abkühlen lassen, danach die Vanilleschote entnehmen und den Ricotta unterrühren. Zwei Drittel der kandierten Früchte klein zerhacken und ebenfalls unterrühren. Die Masse ganz abkühlen lassen, währenddessen die Schokolade in kleine Stückchen zerhacken und dann unter die vollständig abgekühlte Ricottamasse heben.
Das kalte Biskuit aus der Form lösen und in drei Böden schneiden. Den untersten davon auf eine Kuchenplatte setzen und mit einem Drittel des restlichen Orangenblütenwassers beträufeln. Nun die Hälfte der Ricottamasse darauf verteilen und den zweiten Boden auflegen. Mit der Hälfte des verbliebenen Orangenblütenwassers beträufeln, die restliche Ricottamasse darauf verteilen, den letzten Boden oben auflegen und das restliche Orangenblütenwasser daraufgeben. Die Torte etwas festdrücken, mit Alufolie gut abdecken und über Nacht in den Kühlschrank stellen.
Am nächsten Tag die Sahne steif schlagen und den restlichen Zucker sowie das restliche Vanillemark darunterrühren. Die Torte ringsum gleichmäßig damit bestreichen. Die Pistazienkerne hacken und den Tortenrand damit verzieren, die Oberseite mit den restlichen kandierten Früchten dekorieren.

Die Cassata kam früher ausschließlich zu Ostern auf den Tisch, und das auch nur in Klöstern und auf den Gutshöfen der wohlhabenden Landherren. Bei diesen wurde die Cassata außerdem auch anlässlich von Hochzeiten serviert.

Das Cassata-Eis besteht aus Himbeer-, Vanille- und Schokoladeneis, das mit kandierten Früchten vermischt und zu einer Eisbombe aufgeschichtet wird.

Unter Geiern – Sizilien heute

Von der Größe Siziliens hat man meist nur eine diffuse Vorstellung. Tatsächlich ist die Insel die größte unter den zwanzig Regionen Italiens. Mit etwas mehr als 25.000 Quadratkilometern ist sie rund 5.000 Quadratkilometer größer als Slowenien und nur 5.000 Quadratkilometer kleiner als Belgien. Möchte man die gesamte Nordküste Siziliens entlangfahren, so beträgt allein diese Strecke gute dreihundert Kilometer. Von Palermo bis Syrakus sind es 270 Kilometer, und von Trapani bis Catania sogar 316.

Vom italienischen Festland trennt Sizilien dagegen die an der engsten Stelle nur drei Kilometer schmale Straße von Messina. Mehrfach wurde darüber nachgedacht, diese Entfernung mithilfe einer Brücke zu überwinden, und unter der Berlusconi-Regierung nahmen die Pläne schließlich konkrete Gestalt an. Das geschätzte achteinhalb Milliarden Euro teure Jahrhundertbauwerk wäre im günstigsten Fall 2016 fertig geworden, wenn nicht Berlusconi im November 2011 zurückgetreten wäre und damit auch das gewagte Brückenprojekt zum Platzen gebracht hätte. Der mit dem Bau beauftragte Generalunternehmer bekam kalte Füße, das Vorhaben wurde gestoppt.

Eine Brücke über die Meerenge von Messina wäre nicht nur teuer, sondern auch durch diverse Unwägbarkeiten bedroht. Denn in diesem Bereich stoßen die afrikanische Kontinentalplatte und die kleine apulische Lithosphärenplatte aufeinander. Ihren Reibereien verdanken wir nicht nur den Ätna, die Feuerberge der Liparischen Inseln und die Vulkangebiete auf dem italienischen Festland. Sie führen auch immer wieder zu seismischen Aktivitäten. Ein schweres Erdbeben im Jahr 1908 zog einen Tsunami nach sich, die Städte Messina und Reggio Calabria wurden damals vollständig zerstört.

Die geplante Brücke über die Straße von Messina sollte eine Spannweite von gut drei Kilometern sowie eine Durchfahrtshöhe von 65 Metern über dem Meeresspiegel haben, um auch großen Container- und Kreuzfahrtschiffen die Passage zu ermöglichen. Und das bei einer Pylonenhöhe von mehr als 380 Metern. Mit diesen Zahlen vor Augen kann man sich sogar als Laie vorstellen, was einer solch gewagten Konstruktion im Falle eines heftigen Erdbebens passieren könnte.

Aber auch aus anderen Gründen gab es Proteste gegen das Bauvorhaben. Dabei hatten die Bedenkenträger durchaus nicht nur den Schutz der sensiblen Lebensräume an den Küsten und die Gefahr der Unterwanderung des Projekts durch die Mafia im Auge. Sie fragten sich auch, ob eine solche Milliardeninvestition angesichts der miserablen Infrastruktur der Insel vertretbar sei und ob man nicht lieber das dafür veranschlagte Geld für die Verbesserung von Verkehrs- und Kommunikationswegen, öffentlichen Einrichtungen und der allgemeinen Versorgungslage auf der Insel ausgeben sollte.

Denn damit würde sich vielleicht die Situation der Sizilianer auch insgesamt verbessern. Die meisten der fünf Millionen Inselbewohner besiedeln die gut ausgebauten Küstengebiete, das Landesinnere ist hingegen ein ziemliches Waisenkind. Die Verkehrsinfrastruktur ist hier oft katastrophal.

Vierzig Prozent der berufstätigen Sizilianer sind in der Landwirtschaft beschäftigt, an den Küsten befinden sich die arbeitsintensiven Obst-, Gemüse-, Oliven- und Weinkulturen. Die Weizenfelder hingegen liegen im Landesinneren, und da für einen wirtschaftlichen Getreideanbau große, zusammenhängende Flächen erforderlich sind, dominieren hier noch immer – wenn auch nur inoffiziell – die Großgrundbesitzer.

Statistisch gesehen dürfte der Großgrundbesitz kein Thema mehr sein. Ursache hierfür sind die großen Landreformen des letzten Jahrhunderts. Schon Mussolini versuchte sich an der Herkulesaufgabe, die Landeigner Siziliens zu entmachten. Zuvor hatte er sich vergeblich mit dem Vorhaben herumgeschlagen, diese Herren zu umfassenden Modernisierungen zu bewegen. Als das an deren Starrsinn scheiterte, begann Mussolini mit Maßnahmen zu ihrer Enteignung. Das so freigewordene Land sollte an besitzlose Bauern verteilt werden.

Nach dem Zweiten Weltkrieg setzte die Regierung diese Maßnahmen fort. Alles brachliegende Land wurde beschlagnahmt und parzellenweise weiterverteilt, wobei eine bestimmte Flächengröße nicht überschritten werden durfte. Doch für eine profitable Bewirtschaftung waren die verbliebenen Bodenstücke nun zu klein. Frustriert verkauften die Bauern sie deshalb wieder, und so kam es, dass der Besitz der Parzellen pro forma auf eine Anzahl von Leuten verteilt wurde, die zur Familie der alten Aristokraten gehörten. De facto unterstand das Land damit wieder den Großgrundbesitzern. Für die landlosen Bauern hatte sich die Situation nicht im Geringsten verbessert.

Die italienische Regierung erkannte die Not dieser Leute durchaus. Ab den Fünfzigerjahren des vergangenen Jahrhunderts pumpte sie deshalb Unsummen in die strukturschwachen Gebiete. Dazu wurde die „Cassa per il Mezzogiorno" gegründet, eine Art Entwicklungshilfefond für Süditalien. Mit diesen Geldern entstanden zum Beispiel gigantische Chemie- und Petrochemiefabriken an Siziliens Küsten, doch die versprochenen Arbeitsplätze blieben aus.

Und diese Situation hat sich bis heute nicht verbessert. Die Arbeitslosenquote dümpelt bei dreizehn bis fünfzehn Prozent vor sich hin, unter den Jugendlichen beträgt sie sogar an die vierzig Prozent. Viele Menschen werden von der Statistik zudem gar nicht erfasst, da sie als Tagelöhner in der Landwirtschaft arbeiten. Damit befinden sie sich zwar in einer prekären Lage am Rande des Existenzminimums, werden aber nicht als Arbeitslose registriert. Doch selbst ihre miserablen Jobs sind gefährdet, denn illegale Einwanderer aus dem nur 140 Kilometer entfernten

Afrika sind in ihrer Not dazu bereit, sogar für noch mickrigere Entlohnung zu schuften.

Etliche Arbeitsplätze gibt es aber noch in den großen Fischereiflotten im Westen der Insel. Während immer mehr selbständige Fischer ihren Beruf aufgeben müssen, greifen die sizilianischen Hochsee- und Küstenfischereiflotten industriellen Ausmaßes rund dreißig Prozent des gesamtitalienischen Fischfangs und sogar siebzig Prozent der nationalen Krustentierausbeute ab. Doch die zunehmende Überfischung lässt Zweifel an der Zukunftsperspektive dieses Wirtschaftszweiges aufkommen.

Hoffen lässt allenfalls der boomende Tourismussektor. Inzwischen besuchen alljährlich rund fünf Millionen Gäste die Insel, davon etwa drei Millionen vom italienischen Festland, der Rest aus dem Ausland. Die sizilianische Verwaltung trägt dem Rechnung und hat in den vergangenen Jahren etliche neue Naturschutzgebiete ausgewiesen. Der Schwerpunkt wird auf nachhaltigen Individualtourismus gelegt, unterstützt durch den ebenfalls energisch vorangetriebenen Ausbau der Bio-Landwirtschaft.

Das Bruttoinlandsprodukt Siziliens beträgt trotzdem noch immer deutlich weniger als 75 Prozent des EU-Durchschnitts und ist nur halb so hoch wie das Norditaliens. Trotz des fruchtbaren Bodens ist Sizilien ein armes Land. Nicht nur der italienische Staat, auch die EU fördert die Insel deshalb mit Subventionen. Allein zwischen 2000 und 2012 hätten Sizilien rund zwanzig Milliarden Euro an EU-Zuschüssen zugestanden. Doch das meiste davon wurde überhaupt nicht abgerufen, der Rest verpuffte in wirkungslosen Maßnahmen.

Der Grund hierfür liegt im verfahrenen politischen System der halbautonomen Insel. Sie hat eine eigene Regionalverfassung, welche ihr die weitgehende Selbstbestimmung garantiert. Sizilien verfügt selbständig über seine Steuereinnahmen und genießt volle Gesetzgebungskompetenz in territorialen Fragen sowie in den Bereichen von Kultur, Landwirtschaft, Fischerei und Tourismus. Außerdem hat es eine vom Mutterland unabhängige Verwaltung.

Letztere liegt schon seit jeher fest in den Händen eines Klüngels, der alle zu vergebenen Posten ausschließlich untereinander verteilt und innerhalb von Familie und Freundeskreis hin- und herschiebt. Die Verwaltungsbeamten kassieren ein üppiges Salär, meist ohne überhaupt etwas dafür zu tun. Mehr als 140.000 Sizilianer sind auf diese Weise beschäftigt. Alleine 27.000 davon sind mit dem Schutz der Inselwälder betraut, obwohl es davon doch kaum noch welche gibt. In der Erfindung neuer Jobs sind die Verwaltungschefs sehr ideenreich, weniger hingegen, wenn es um die Entwicklung zuschussfähiger und vor allem auch zukunftsweisender Projekte geht.

Dabei wäre Unterstützung vielerorts dringend geboten. Kaum zu glauben, aber in Messina gibt es noch heute Baracken, die für die Opfer der Naturkatastrophe von 1908 errichtet wurden. Hier leben Familien in Bretterbuden mit Wellblechdächern, viele davon haben nicht einmal einen Wasseranschluss. Immer mal wieder wird ihnen medienwirksam unbürokratische Hilfe versprochen, doch nichts geschieht. Denn tatsächlich interessieren sich Siziliens Machthaber nicht im Geringsten für diese Leute. Von denen ist nämlich in ihren Augen keinerlei geldwerter Vorteil zu erwarten.

Deshalb entstehen allenfalls EU-subventionierte Brücken ohne Straßenanschluss und Staudämme ohne Wasserzulauf, und die einzigen, die davon profitieren, sind die Bauunternehmen, die wiederum den Mitgliedern der alteingesessenen politischen Kaste Siziliens gehören.

Leidtragende sind die weniger Glücklichen, denen solch lukrative Beziehungen zum Netzwerk der Vetternwirtschaft fehlen. Handwerker, Arbeitnehmer, Bauern und Kleinunternehmer werden mit einem Geflecht von bürokratischen Auflagen und Schikanen drangsaliert, das ihnen eine wirtschaftlich lohnende Tätigkeit oft schier unmöglich macht. Und zu allem Überfluss müssen viele davon auch noch ein Schutzgeld abdrücken.

Womit wir mitten im heikelsten Problem Siziliens gelandet wären. Wie ist das denn nun eigentlich mit der Mafia?

Arancini – Reisbällchen aus Sizilien

Zutaten für 4 Personen: *400 g Risotto-Reis, 600 ml Gemüsebrühe, 200 ml Weißwein, 150 g geriebener Pecorino (ersatzweise Parmesan), 250 g Hackfleisch halb und halb, 6 Tomaten, 4 Eier, 100 g Paniermehl, 2 Schalotten, 2 Zweige Thymian, 1 rote Chilischote (Peperoncino), 1 Knoblauchzehe, reichlich Olivenöl, Salz, Pfeffer*

Zubereitung: *Die Schalotten schälen und fein hacken. In einem Topf etwas Olivenöl erhitzen und die Hälfte der Schalotten darin glasig anbraten. Den Reis hinzugeben und 3 Minuten lang mit anbraten. Anschließend nach und nach kellenweise unter ständigem Rühren die Gemüsebrühe und danach den Weißwein hinzugießen. Immer erst dann eine Kelle nachgeben, wenn die Flüssigkeit im Topf weitestgehend verkocht ist. Wenn alles verbraucht ist, den Topf vom Herd nehmen, die Hälfte des Pecorino unterrühren und den Risotto mit Salz und Pfeffer abschmecken. Dann abkühlen lassen.*

Die Tomaten mit siedendem Wasser überbrühen, häuten, entkernen und würfeln. Die Knoblauchzehe schälen und fein hacken, die Chilischote entkernen und ebenfalls fein hacken. In einer Pfanne einen Schuss Olivenöl erhitzen und die restlichen Schalotten darin anbraten. Das Fleisch, Knoblauch und Chili hinzugeben, mit Salz und Pfeffer würzen und gut durchbraten. Die Thymianblättchen abzupfen und unterrühren, dann die Pfanne vom Herd nehmen und die Tomaten ebenfalls unterrühren.

Die Eier aufschlagen, mit dem restlichen Pecorino gut verquirlen, salzen und pfeffern. Das Paniermehl in eine separate Schüssel geben.

Eine Schüssel mit kaltem Wasser füllen, die Hände darin benetzen, jeweils eine kleine Handvoll Reis nehmen, in der Hand flachdrücken, etwas Hackfleischmischung daraufgeben und dann ein etwa mandarinengroßes Bällchen aus dem Reis darum herumformen. Zwischendurch immer wieder die Hände benetzen.

Die Bällchen jeweils zunächst in der Eimasse, dann im Paniermehl wälzen.
In einer hohen Pfanne reichlich Olivenöl so lange erhitzen, bis sich an einem hineingetauchten Holzlöffel kleine Bläschen bilden. Nun die Reisbällchen portionsweise hineingeben und frittieren, bis sie appetitlich goldbraun sind. Mit einem Sieblöffel oder einer Schaumkelle herausnehmen und auf Küchenkrepp abtropfen lassen.
Heiß servieren.

Die Füllung der Arancini lässt sich ganz nach Geschmack und Fantasie variieren. Man kann zum Beispiel auch Mischungen aus gegrilltem oder gekochtem Gemüse, grünen Erbsen, getrockneten Tomaten, Speck, Salami, Mozzarella oder anderen Käsesorten, Kräutern, Nüssen oder dergleichen dafür verwenden.

Die sehr ähnlichen arabischen Kibbeh werden häufig mit einer Masse aus durch den Wolf gedrehtem Bulgur, Zwiebeln und Hackfleisch statt mit Reis hergestellt. Ihre Füllung besteht aus gebratenem Hackfleisch und Zwiebeln, dem mancherorts noch Nüsse und Rosinen beigemengt werden. Es gibt regional zahllose Versionen von Kibbeh, je nach Herkunftsland variiert auch ihr Name. Die sizilianischen Arancini sind aller Wahrscheinlichkeit nach ebenfalls eine regionale Spielart dieses arabischen Gerichts.

Arancini bedeutet nichts anderes als „kleine Orangen“.
Sie sind eine Vorspeise, aber sie eignen sich auch gut als Beilage zu Gemüsegerichten oder zum Salat.

Der Falke von Palermo – Giovanni Falcone

Der Falke ist ein gefährlicher Jäger. Seine scharfen Augen haben jederzeit ein Blickfeld von zweihundertzwanzig Grad im Visier. Darüber hinaus kann er seinen Kopf bis in den Nacken drehen. Einem Falken entgeht deshalb nichts. Und er ist ein gewitzter Flieger. Hat er die Beute einmal erspäht, so gibt er sie nicht mehr auf. Unermüdlich verfolgt er sie, und sei die Strecke auch noch so weit.

Das italienische Wort für Falke heißt „falco“. Ist jemand besonders groß oder beeindruckend, so drückt man das im Italienischen aus, indem man seinen Namen auf -one enden lässt. Dann wird aus dem Falco ein Falcone.

Der Mai 1939 war ein glücklicher Monat für Arturo Falcone. Denn Luisa, seine Frau, hatte einen Sohn geboren, und zu den zwei Töchtern der beiden war nun endlich auch der ersehnte Stammhalter gekommen. Sie tauften ihn auf den Namen Giovanni.

Arturo leitete ein kleines Chemielabor, und die Familie lebte in La Kalsa, einem Altstadtviertel von Palermo. Das Viertel existierte bereits seit arabischer Zeit. Damals hieß es „Al-Khalisa“, das bedeutet nichts anderes als „das Ärmste“. Und daran hatte sich nicht viel geändert. La Kalsa war heruntergekommen, in seinen engen Gassen herrschte die Cosa Nostra – „unsere Sache“, die sizilianische Mafia. Tatsächlich war inzwischen ganz Sizilien unter den einzelnen Familien der Mafia aufgeteilt, und auch in den Stadtteilen von Palermo bestimmte jeweils eine Mafiafamilie die Geschicke der Bewohner.

Wir haben schon von den Gabellotti gehört, den Verwaltern der Großgrundbesitzer, die im Laufe der Zeit immer mehr Macht an sich rissen. Das führte letztendlich zur Entstehung mafiöser Strukturen. Eine andere Wiege der Mafia war der Brigantismus. Dabei schlossen sich im Elend lebende Landarbeiter zu Banden zusammen und bildeten eine anarchische Aufstandsbewegung gegen die Übermacht der Landherren. Sie entwickelten sich zu Gesetzlosen, die raubten, brandschatzten und vergewaltigten. Schon bald verfügten sie über paramilitärische Strukturen und verschmolzen schließlich vielfach gemeinsam mit den Gabellotti zu einem einzigen Pool des Verbrechens.

Die konservative und strenggläubige Familie Falcone in Palermo wahrte äußerste Distanz zu diesen Kriminellen. Arturo und Luisa lehrten ihre Kinder stattdessen die Bedeutung von ehrlicher, harter Arbeit, Zivilcourage, Aufrichtigkeit und Patriotismus. Von allen politischen Fragen hielten sich die Eltern hingegen fern.

Ihre Erziehung trug Früchte. Schon in der Schule scheute ihr Sohn Giovanni sich nicht, seine Kameraden gegen ältere Schüler zu verteidigen, wenn sie durch diese in Bedrängnis gerieten. Sein bester Freund hieß Paolo Borsellino. Als die beiden herangewachsen waren, entschlossen sie sich, Jura zu studieren. Ihr erklärtes Ziel war es, dem Staat und der Gerechtigkeit zu dienen. Giovanni beendete sein Studium 1961 im Alter von 22 Jahren, in Trapani trat er eine Stelle als Staatsanwalt an.

Schon während seines Studiums in Palermo hatte Giovanni sich von der unpolitischen Haltung seiner Eltern distanziert. Er entwickelte ein starkes demokratisches Bewusstsein und gelangte zu der Überzeugung, dass es in der Hand jedes Einzelnen liege, die Gesellschaft zu gestalten und Missstände zu beseitigen, indem man ihnen mutig und entschieden entgegentrete.

Während seiner Zeit bei der Staatsanwaltschaft in Trapani begann er, diese Maxime konsequent umzusetzen. Zwangsläufig führte das zur Kollision mit der Mafia. Falcone wirbelte ersten Staub auf, indem er vereinzelte Morde der „ehrenwerten Gesellschaft" aufklärte.

Als Falcone gegen Ende der Siebzigerjahre nach Palermo zurückkehrte und eine Arbeit bei der dortigen Justiz annahm, war die Mafia gerade damit zugange, einen neuen, äußerst lukrativen Geschäftszweig aufzubauen. Unter den vielen Sizilianern, die in die USA ausgewandert waren, befanden sich natürlich auch Mafiosi. Schließlich eröffnete sich ihnen hier die Chance, auch in der Neuen Welt die Strippen zu ziehen. Aber natürlich waren es nicht die hochgestellten Mafiabosse, die Sizilien verließen, um ihr Glück in der Ferne zu versuchen. Die hatten das ja gar nicht nötig. Stattdessen wanderten kleinere Gangster aus eher ländlichen Gebieten nach Amerika ab. Diese waren aber roher und unkultivierter als die herausragenden Köpfe der Cosa Nostra. Besonders viele von ihnen stammten aus der Kleinstadt Corleone, die sechzig Kilometer südlich von Palermo im Landesinneren von Sizilien liegt. Diese Männer sorgten in der Folge dafür, dass Corleone zu trauriger Berühmtheit gelangte, und das lag keinesfalls nur an Mario Puzo und Francis Ford Coppola, die den fiktiven Mafiaboss Vito Corleone aus ebenjener Ortschaft als „Der Pate" zu Weltruhm führten. Aus Corleone kamen Gangster, die Spitznamen wie „Die Bestie" führten, und das zeigt, dass sie den zwar harten, aber doch noch gewissen Richtlinien der Ehre unterworfenen Codex der alteingesessenen Mafiabosse längst gegen die exzessive Anwendung von brutaler Gewalt eingetauscht hatten.

Diese abscheuliche neue Mafiageneration erlebte nun einen ungeahnten Aufschwung. Denn zusammen mit ihrem amerikanischen Zweig etablierte die Verbrecherorganisation ab Ende der Siebzigerjahre die sogenannte „Pizza-Connection". Auf Sizilien wurde dazu Heroin in Tomatenkonservendosen verpackt, mit denen die Pizzerien der amerikanischen Kollegen beliefert wurden. Diese bauten damit dort einen florierenden Drogenmarkt auf, und ein guter Teil der Milliardenprofite floss zurück in die Taschen der Mafiosi auf Sizilien. Deren Macht wuchs ins Unermessliche, und parallel dazu uferten ihre Gewaltexzesse immer weiter aus. Denn keineswegs waren sich die einzelnen Mafiafamilien über die Verteilung der Geschäfte einig. Ihre Streitigkeiten forderten hunderte von Todesopfern.

Das veranlasste die Behörden in Palermo dazu, endlich eine Sonderkommission zur Bekämpfung des organisierten Verbrechens einzusetzen. An die Spitze trat Giovanni Falcone als Untersuchungsrichter. Unterstützung fand er durch seinen alten Freund Paolo Borsellino, der ebenfalls Richter geworden war. Geradlinig, konsequent und unbestechlich machten sie sich an die Arbeit im neu gegründeten „Antimafia-Pool". Tatsächlich war es Falcone, der erstmals den Mut dazu hatte, die Existenz der Mafia und die dadurch bestehende reale Bedrohung öffentlich anzusprechen. Zuvor war so etwas unvorstellbar gewesen, niemand wagte es, das Kind beim Namen zu benennen.

Man muss sich vor Augen führen, was das für Falcone bedeutete. Für die skrupellosen Verbrecher der Cosa Nostra rückte er nämlich jetzt zum Erzfeind Nummer eins auf. Von nun an stand er unter ständigem Personenschutz. Immer neue Anschläge auf die Ermittler seiner Kommission führten ihm ununterbrochen vor Augen, dass sein Leben ohne die Bodyguards keinen Pfifferling mehr wert war. Nichtsdestotrotz machte er die Bekämpfung des Verbrechens unbeirrt zu seiner obersten Priorität.

Und er hatte großen Erfolg. Er verfolgte die Geldflüsse zwischen den USA und Sizilien, so gelang es ihm, den Aufbau der Pizza-Connection bloßzulegen. Er schaffte es mit großem Verhandlungsgeschick und unbeugsamer

Härte, so manchen an den Geschäften beteiligten Gangster zur Aussage zu bewegen. Dadurch gewann er Einblicke in die inneren Strukturen der Mafia.

Zu seinen Glanzstücken gehörte es, dass er den Mafiaboss Tommaso Buscetta als Kronzeugen gewinnen konnte. Diesen kannte er noch aus den gemeinsamen Kindertagen, denn auch Buscetta war im palermischen La Kalsa aufgewachsen. Buscetta hatte sich später allerdings für eine berufliche Laufbahn entschieden, die der Falcones genau entgegengesetzt stand.

Buscetta verstieß mit seiner umfassenden Aussage gegen die „Omertà", das strikte Stillschweigegebot, dem alle Mafiosi unterliegen. Er wurde deshalb ins Zeugenschutzprogramm aufgenommen, erhielt eine neue Identität und mithilfe chirurgischer Eingriffe auch ein neues Aussehen. Bis zu seinem Krebstod im Jahr 2000 lebte er abgeschirmt in einer Kaserne in den USA. Hier konnte selbst die Mafia ihm nichts anhaben, was sie aber nicht daran hinderte, aus Rache vierzehn seiner Verwandten umzubringen, darunter zwei Söhne und zwei Neffen.

Buscettas Aussage ermöglichte jedoch Falcones Massenprozess gegen 474 Mafiamitglieder, der 1986 begann, zweiundzwanzig Monate dauerte und zu zahlreichen Verurteilungen führte. Die Anklageschrift umfasste stolze achttausend Seiten. Der Gerichtssaal wurde eigens in einem raketensicheren Bunker eingerichtet, der von fünfhundert Security-Leuten und einem Panzer bewacht war. Selbst den darüberliegenden Luftraum sicherte man hermetisch ab.

1991 wechselte Falcone ins italienische Justizministerium nach Rom, wo er eine italienweite Ermittlungsbehörde gegen die Mafia aufbaute. Eine geplante Stippvisite in der sizilianischen Heimat wurde ihm am 23. Mai 1992 zum Verhängnis, denn als er die Autobahn auf dem Weg vom Flughafen Palermo in die Innenstadt befuhr, detonierte eine halbe Tonne Sprengstoff ferngezündet kurz vor dem Wagen des 53-jährigen Mafiajägers. Die drei Leibwächter, die im vorausfahrenden Fahrzeug gesessen hatten, waren auf der Stelle tot. Falcone und seine Frau, ebenfalls eine Richterin, erlagen im Krankenhaus ihren schweren Verletzungen. Nur 57 Tage später fiel auch Paolo Borsellino zusammen mit seinen Begleitern einem Mafiamord zum Opfer.

Nun könnte man meinen, dass das Böse am Ende gesiegt habe. Es lässt sich tatsächlich nicht leugnen, dass die Mafia in Sizilien noch immer aktiv ist. Doch der mutige Kampf Giovanni Falcones und seiner Mitstreiter blieb nicht folgenlos. Im Gegenteil. Schon bei Falcones Beerdigung bekannten tausende Sizilianer Flagge und erwiesen ihm das letzte Geleit. Inzwischen genießt er den Status eines Volkshelden, der Flughafen Palermo – Punta Raisi erhielt den Namenszusatz „Falcone e Borsellino“. Und 2010 ehrte man den furchtlosen Mafiajäger, indem ein im Jahr zuvor entdeckter Asteroid den Namen „Falcone“ erhielt.

Nach den Mordanschlägen wurden vorübergehend zwanzigtausend Soldaten nach Sizilien abbestellt, um für die innere Ordnung zu sorgen. Falcones Nachfolger setzten die Arbeit gegen die Mafia fort. Seine Familie gründete eine Stiftung, die sich für die Förderung eines mafiafreien Siziliens einsetzt. Selbst der Papst rang sich 1993 anlässlich einer Feier in Agrigent erstmals zu einer klaren Stellungnahme gegen die Mafia durch.

Trotzdem müssen noch immer geschätzte achtzig Prozent der Geschäfte Palermos ein Schutzgeld, das sogenannte „Pizzo“, zahlen. Gegen diesen Missstand hat sich 2004 eine Gruppe junger Leute zusammengeschlossen und die Initiative „Addio Pizzo“ – „Adieu Schutzgeld“ – ins Leben gerufen.

Schon bald schlossen sich immer mehr Gleichgesinnte ihrer Bewegung an und nahmen den Kampf gegen die Schutzgelderpressung auf. Die Namen der daran beteiligten Unternehmen sind im Internet veröffentlicht, ihre gemeinsame Maxime heißt: „Ein ganzes Volk, das Schutzgeld zahlt, ist ein Volk ohne Würde.“ Mehr als siebenhundert Geschäftsleute bekennen sich inzwischen öffentlich zu Addio Pizzo und finden großen Rückhalt in der Bevölkerung. Denn wer sein Brot bei einem Bäcker kauft, der Schutzgeld bezahlt, weiß, dass auch er damit die Mafia unterstützt. Wer das jedoch ablehnt, entscheidet sich konsequenterweise für einen Bäcker aus der Addio-Pizzo-Bewegung.

Die Organisation „LiberoFuturo" unterstützt die Unternehmer dabei, sich aus dem Geflecht der alten Abhängigkeiten freizustrampeln. Landwirte, die vom Staat konfisziertes ehemaliges Mafialand bestellen, haben sich unter dem Dachverband „Libera Terra" zusammengeschlossen und vermarkten damit gemeinsam ihre ohne Mafiabeteiligung produzierte Ware. Und Corleone, die verrufene frühere Mafiahochburg, hat inzwischen ein Antimafia-Museum eingerichtet.

Es sieht deshalb mittlerweile ganz danach aus, als ob sich die Sizilianer mit vereinten Kräften langsam aber sicher vom Joch der Mafiaherrschaft befreien könnten. Dass sie den Mut dazu gefunden haben, verdanken sie ihrem unerschrockenen Vorreiter im Kampf gegen die Cosa Nostra: Giovanni Falcone, dem großen Falken.

Granita di Melone

Zutaten für 4 Personen: *1 Wassermelone, 60 g Zucker, Saft von 1 Zitrone, 8 Blättchen Minze*
Zubereitung: *Die Melone vierteln, die Kerne entfernen, das Fruchtfleisch entnehmen, in Stücke schneiden und in ein hohes Gefäß füllen. Zucker und Zitronensaft hinzugeben und das Ganze mit dem Pürierstab 5 Minuten lang fein zerkleinern. Dann die Minzeblättchen in dünne Streifen schneiden und unterheben. Ins Eisfach stellen und zunächst stündlich, nach 4 Stunden nur noch alle 2-3 Stunden mit einer Gabel gut durchrühren. Zum Servieren in vorgekühlte hohe Gläser füllen, nach Wunsch mit einer Zitronenscheibe dekorieren.*

Von Nymphen, Malern und Tyrannen – Syrakus

Die Macht ist eine schwere Last. Wer keine Macht besitzt, hat keine Vorstellung davon, welche Bürden sie demjenigen auferlegt, der sie innehat. Und die schlimmste davon ist die Angst. Die allgegenwärtige Angst davor, die so mühsam erkämpfte Macht wieder zu verlieren.

Wie schwer mag diese Bürde auf den Schultern des Dionysios gelastet haben? Schließlich war er nicht nur einer der mächtigsten Männer seiner Zeit, nein, er herrschte zudem über die größte und schönste aller griechischen Städte. So zumindest sollte Marcus Tullius Cicero viele Jahre später die Stadt des Dionysios beschreiben: das griechische Syrakusai. Der Römer Cicero bezeichnete die Stadt als Syracusae, heute sagen die Italiener Siracusa zu ihr, und in deutscher Sprache heißt sie Syrakus.

Syrakus liegt im Südosten Siziliens, dort, wo zwei kleine Flüsse ins Ionische Meer münden. Wo sie sich treffen, wachsen an ihren Ufern wilde Papyrusstauden. Es ist der einzige Ort Europas, an dem diese Pflanzen anzutreffen sind. Weil sie sich vom ägyptischen Papyrus unterscheiden, stehen sie als eines der letzten Relikte der ehemals paradiesischen sizilianischen Vegetation unter strengem Naturschutz.

Die beiden Flüsse münden in ein großes natürliches Hafenbecken. Gleich ein kleines Stück weiter nördlich gibt es ein weiteres Hafenbecken, und zwischen den beiden Buchten liegt die Insel Ortygia. Nur eine ganz schmale Meerenge trennt diese kleine Insel vom Festland. Nicht nur ihre Position ist deshalb ideal, wie ein Sahnehäubchen sprudeln auf ihr zudem auch noch ergiebige Süßwasserquellen. Ortygia ist wie ein Geschenk der Götter.

Die Ureinwohner, die seit der Bronzezeit auf dieser Insel gesiedelt hatten, überließen sie den korinthischen Griechen kampflos, als diese irgendwann im achten vorchristlichen Jahrhundert Anspruch darauf erhoben.

So gründeten die Griechen hier eine Kolonie, und schnell erhob sie sich zur blühendsten Siedlung von ganz Sizilien. Es dauerte nicht lange, bis sie auch auf das angrenzende Festland expandierte. Syrakus entwickelte sich zu einer Weltstadt der Antike, hier sollte Aischylos Tragödien verfassen, Platon Philosophie lehren und Archimedes Kriegsmaschinen zur Stadtverteidigung konstruieren. Einer seiner Geniestreiche war es, gigantische Brennspiegel an der Küste aufzustellen und damit die Segel feindlicher Schiffe in Brand zu setzen.

Diese drastischen Maßnahmen taten allerdings auch not. Denn immer wieder sah sich Syrakus feindlichen Übergriffen ausgesetzt. Tyrannen regierten die Stadt, wobei der Begriff zunächst noch nicht mit dem negativen Beiklang behaftet war, den wir ihm heute beimessen. Der Tyrann war nichts anderes als ein Machthaber, der die Regierungsgeschäfte einer prinzipiell demokratisch angelegten Polis leitete. Seine Aufgabe war es, weise zu entscheiden und seine Position gegebenenfalls auch wieder zu räumen, um Platz für einen geeigneteren Tyrannen zu machen. Doch natürlich scheiterte diese Idealvorstellung schon bald an der Realität. Die Tyrannen entwickelten sich zu Usurpatoren, widerrechtlich rissen sie die alleinige Staatsgewalt an sich und regierten mit gnadenloser Brutalität. Denn nur so ließ sich die Position als Alleinherrscher dauerhaft festigen und behalten. Es war ein Mann aus Syrakus, der zum Urvater dessen wurde, was wir heute unter einem Tyrannen verstehen.

Er war der schon erwähnte Dionysios, benannt nach dem Gott des Weines, der Fruchtbarkeit und der Lebensfreude, aber auch des Wahnsinns. Vielen von uns ist er durch Schillers berühmte Ballade „Die Bürgschaft" bekannt. Dionysios' Elternhaus genoss zwar einen guten Ruf, gehörte jedoch nicht zur finanziell begünstigten Elite der Stadt. Dennoch kam Dionysios in den Genuss einer sophistischen Ausbildung. Schon früh erkannte der junge Mann, dass die Politik ihm gute Aufstiegschancen versprach. Und außerdem, dass ein geschickt gesponnenes Netzwerk seinem Werdegang durchaus zupasskommen würde. Er verstand es, sich bei den richtigen Leuten einzuschmeicheln, und baute sein Beziehungsgeflecht durch wohldurchdacht eingefädelte Eheschließungen weiter aus. Gleichzeitig unterzog er sich einer ausgefeilten Schulung in Rhetorik. Er entwickelte sich zu einem begnadeten Demagogen, der es verstand, das Volk von seinen Ansichten zu überzeugen. So glückte es ihm schon bald, sich in ein wichtiges Amt wählen zu lassen. Einmal in diese Position aufgestiegen, schmiedete er Intrigen, diskreditierte systematisch konkurrierende Politiker und unternahm schließlich mit seinen Truppen einen Staatsstreich, durch den er zum Tyrannen von Syrakus aufstieg. Es war das Jahr 405 v. Chr.

Als Machthaber tat Dionysios fortan alles, um Syrakus zu einem befestigten Territorialstaat auszubauen. Das gelang vor allem dank rücksichtsloser Unterdrückung und Ausbeutung der Bevölkerung. Syrakus entwickelte sich unter der Führung des Dionysios zur Metropole und zur mächtigsten Militärmacht der griechischen Welt. Jedoch war es stets durch die feindseligen Karthager sowie durch die anderen griechischen Stadtstaaten Siziliens bedroht. Die ständigen Kriege an allen Fronten ließen Dionysios niemals zur Ruhe kommen. Außerdem verfolgte ihn immer die Furcht vor dem Verlust der so mühsam erworbenen Macht. Er muss ein getriebener Mensch gewesen sein.

Außerhalb von Syrakus gab es große Kalksteinbrüche. Denn die Expansion der prächtigen Stadt verlangte natürlich nach gewaltigen Mengen von Baumaterial. Es gab Tempel, Paläste und Verwaltungsgebäude, nicht zuletzt auch ein gigantisches in den Fels geschlagenes Theater mit sechzig Sitzreihen und Platz für fünfzehntausend Zuschauer. Es war eines der größten griechischen Theater überhaupt.

Durch die Anlage der Steinbrüche war der Untergrund bei Syrakus teilweise ausgehöhlt worden. Sklaven hatten gewaltige Stollen in den Fels getrieben, wodurch im Laufe der Zeit riesige Höhlen entstanden. Außerdem schufteten hier auch die Kriegsgefangenen der Stadt, denn der Einfachheit halber benutzte man die Höhlen gleichzeitig als Gefängnisse.

Was mochten diese Männer dort wohl bereden, wenn sie sich unbelauscht wähnten? Welche boshaften Intrigen gegen Syrakus im Allgemeinen und Dionysios im Besonderen besprachen sie dort hinter vorgehaltener Hand? Diese Fragen quälten den Tyrannen Dionysios. Doch er genoss einen ganz besonderen Vorteil, und die gefangenen Soldaten kannten sein Geheimnis nicht.

Eine der Felshöhlen – sie existiert noch immer – hat eine prägnante Öffnung, diese misst ganze elf Meter in der Breite und sogar dreiundzwanzig in der Höhe. Sie ist schwungvoll gebogen und wirkt auf den Betrachter wie ein riesenhaftes, gespitztes Ohr. Das ist sehr passend, denn der dahinterliegende Hohlraum weist eine phänomenale Akustik auf.

Fast an jeder Stelle im Inneren der Höhle kann man hören, was an jedweder anderen gesprochen wird, und sei es auch noch so leise dahingeflüstert. Der listige Dionysios ließ seine ärgsten Kriegsgegner in diese Höhle sperren. Er selbst belauschte sie nun höchstpersönlich von einer versteckten Öffnung in der Höhlendecke aus. Somit geriet

Dionysios nicht nur zum Vater aller Tyrannen, nein, er erfand auch noch die Mutter aller Abhörsysteme! Vielleicht gelang es ihm deshalb, seine Alleinherrschaft immerhin achtunddreißig Jahre lang aufrechtzuerhalten.

Ob das so stimmt, darüber lässt sich freilich streiten. Denn alles, was wir über Dionysios wissen, fußt auf den Aufzeichnungen des griechischen Geschichtsschreibers Diodor, und der lebte rund dreihundert Jahre nach Dionysios. Er besaß also keinerlei Kenntnisse aus erster Hand. Wie glaubwürdig seine Quellen wirklich gewesen sind, wissen wir nicht.

Die griechischen Relikte in Syrakus – allen voran das bestens erhaltene Amphitheater, das noch heute für Aufführungen genutzt wird – haben schon im 17. Jahrhundert erste Touristen in die Stadt gelockt. Einer von ihnen war der Barockmaler Caravaggio, auch wenn er sich nicht in erster Linie auf einer Bildungsreise befand, sondern vielmehr auf der Flucht vor einer Mordanklage. Das hinderte ihn aber keineswegs daran, die alten griechischen Steinbrüche ausgiebig in Augenschein zu nehmen.

Caravaggio war nicht nur ein begnadeter Künstler, sondern auch ein äußerst fantasiebegabter Mensch. Die außergewöhnliche Resonanz im Inneren der besagten Höhle inspirierte ihn zu einer Idee. Sah nicht der Höhleneingang aus wie ein Ohr, und erinnerte das verschlungene Innere nicht an die Gehörgänge des menschlichen Ohres? Spürte man nicht in den unheimlichen Klängen, zu denen hier jedes Geräusch mutierte, die Präsenz eines mächtigen Geistes? Wer konnte das anderes sein als der legendäre Tyrann von Syrakus, Dionysios höchstpersönlich? Was brachte diesen dazu, nach all den Jahrhunderten noch immer in diesem Gewölbe zu spuken?

Erzählten nicht uralte Legenden davon, dass der sagenhafte Tyrann Dionysios über einen geheimen Gang in der Höhlendecke verfügte, von dem aus er seine Gefangenen belauschte? Stets geplagt von der Sorge, dass diese ihn mit ihrer Heimtücke der Macht berauben könnten? War er deshalb zum rastlosen Geist geworden, der niemals Ruhe finden würde?

Angesichts dessen taufte Caravaggio die Höhle auf den Namen „Orecchio di Dionisio" – „Ohr des Dionysios". Und die zugehörige Geschichte erzählte er ab jetzt jedem, der bereit war, ihm zuzuhören. Caravaggio war eine schillernde Persönlichkeit und einer der größten Stars seiner Zeit. Deshalb mögen es nicht wenige gewesen sein, die an seinen Lippen klebten.

So ist es vielleicht bloß eine romantische Mär dieses Exzentrikers, der wir bei der Abhörgeschichte aufgesessen sind. Doch dank Caravaggio ist die Höhle bei Syrakus als „Ohr des Dionysios" zu Weltruhm gelangt.

Die Insel Ortygia ist noch heute das Herz der Stadt. Die alten Griechen wussten eine Geschichte zu erzählen, die bewies, dass die Lebensfreundlichkeit dieser so besonderen Insel tatsächlich göttlichen Ursprungs ist. Denn das kostbare Süßwasser verdankt Ortygia der Nymphe Arethusa, die sich hier auf der Flucht vor einem lüsternen Jäger mithilfe der Jagdgöttin Artemis in eine Quelle verwandelte.

Am Ort dieser Quelle befindet sich heute die Fonte Aretusa. Nur wenige Meter vom Meer entfernt gedeihen dort Ableger der wilden Papyrusstauden von Syrakus. Auch sie geben Zeugnis von der Einzigartigkeit dieser mythenumwobenen Stadt.

Bobbia – ein Salat aus Syrakus

Zutaten für 4 Personen: *500 g aromatische Tomaten, 500 g rote und grüne Paprika, 500 g Kartoffeln, 4 Zwiebeln, 150 ml Olivenöl, 1 kl. Bd. Basilikum, grobes Meersalz, Pfeffer*

Zubereitung: *Die Tomaten mit kochendem Wasser überbrühen und häuten, anschließend nicht zu fein würfeln. Die Paprika entkernen und in Streifen schneiden, die Kartoffeln schälen und wie die Tomaten in Würfel schneiden. Die Zwiebeln schälen und grob in Stücke schneiden.*

Nun alles Gemüse in einen Topf geben, Meersalz und Pfeffer darüberstreuen und zum Schluss das Olivenöl darübergießen. Bei mittlerer Hitze aufwärmen, dann bei schwacher Hitze 45 Minuten lang garen. Erst am Ende der Garzeit umrühren.

Die Basilikumblättchen abzupfen und grob hacken. Das fertige Gemüse vom Herd nehmen und 10 Minuten lang stehenlassen, dann das Basilikum unterrühren.

Lauwarm mit knusprigem Brot servieren. Man kann Bobbia auch als Beilage zu Fleischgerichten wie Gegrilltem oder Steaks sowie zu Käse genießen. Unbedingt gehört aber immer Brot dazu.

Die Rettung der Schwarzen Madonna – Wundersames aus Patti

Vor ein paar Jahren habe ich einmal einen Septemberurlaub in Patti verbracht. Patti ist eine kleine Gemeinde an der Nordostküste Siziliens. Besonders bemerkenswert ist der schöne, endlos langgestreckte Sandstrand vor den direkt am Meer gelegenen Ortschaften, die zu Patti gehören, und ich muss gestehen, dass dies für mich ein Hauptentscheidungskriterium gewesen ist. Denn meine Kinder waren noch recht klein, und alle Eltern wissen, dass Sonne, Strand und Meer fast schon die Garantie für einen entspannten Familienurlaub sind.

Was ich nicht wusste, war, dass meine Wahl ganz offensichtlich auch in Hinblick auf den Schutz der Kleinen ausgesprochen glücklich getroffen war. Denn vor Zeiten, so heißt es, stürzte ein Kleinkind bei Patti von einem Felsvorsprung in die Fluten. Seine Mutter, eine gläubige Frau, leider jedoch Nichtschwimmerin, betete in ihrer Not zur Mutter Gottes. Da erhob sich eine Hand aus dem Meer, ergriff das Kind und setzte es wohlbehalten am rettenden Ufer ab. Das Ganze ereignete sich im Ortsteil Tindari, und heute ist diesem eine Sandbank vorgelagert, in deren Form fantasiebegabte Menschen einen ausgestreckten Arm mit zugehöriger Hand erkennen können.

Und als wenn das nicht schon genug des Wunders wäre, weiß eine weitere Legende auch noch davon zu berichten, dass an der Sandbank von Tindari einst eine Kiste angespült wurde, und darin befand sich eine Madonnenstatue. Sie hatte den Weg wohl von Konstantinopel hierhergefunden. Dort hatte kurz zuvor ein Bildersturm getobt, Glaubensfanatiker vernichteten dabei alle figürlichen Darstellungen religiöser Art ohne Erbarmen. Diese Ereignisse liegen rund zwölfhundert Jahre zurück, doch wie wir alle wissen, existiert solch tobsüchtige Zerstörungswut leider auch im 21. Jahrhundert weiter fort.

Die Madonna von Tindari ist schwarz. Bis heute ist nicht endgültig geklärt, was es mit dem Phänomen der Schwarzen Madonnen auf sich hat. Diese Tatsache findet ihren Grund sicherlich in einer gewissen Voreingenommenheit, mit der sich manche Religionsforscher in der Vergangenheit dem Thema angenähert haben. Früher versuchte man sogar, die dunkle Hautfarbe solcher Heiligendarstellungen schamhaft mit ihrem hohen Alter oder mit Einwirkungen vom Ruß der davor entflammten Kerzen zu erklären. Doch warum wurde die Kleidung der Bildnisse davon nicht ebenfalls dunkel? Diese These war ganz offensichtlich nicht richtig. Und die Erklärung für das Phänomen ist vielleicht deutlich simpler.

Es ist nämlich so, dass die Verehrung schwarzer Göttinnen bis tief in die vergessene Frühzeit der Menschheitsgeschichte zurückreicht. Von dort dauerte sie fort, und zwar über mesopotamische und ägyptische Religionen bis ins antike Griechenland. Man findet schwarze Göttinnen in germanischen, indischen und fernöstlichen Kulten. Vielleicht ist die Erklärung für die Verehrung dieser Gottheiten im Grunde ganz einfach: Manche Menschen sind dunkelhäutig. Und weil alle Menschen gleich sind, ganz unabhängig von ihrer Hautfarbe, sollten da nicht auch ihre Gottheiten gleich sein? Den Menschen früherer Zeiten lag womöglich bloß der rassistische Dünkel noch fern.

„Nigra sum sed formosa" lautet die lateinische Inschrift der Schwarzen Madonna von Tindari. Das könnte nun eigentlich ein Slogan der afroamerikanischen Bürgerrechtsbewegung Black Power sein, denn es heißt übersetzt: „Ich bin schwarz, aber schön".

Die Bewohner von Patti wussten offensichtlich, dass ihre Madonna damit recht hat, und bewahrten sie wohlbehütet viele Jahrhunderte hindurch auf. Heute steht sie in einer eigens für sie erbauten Wallfahrtskirche. Von dort schaut man hinab auf die Sandbank mit ihrer interpretationsfähigen Form und weiter über das Meer bis hin zu den Liparischen Inseln am Horizont. Außerdem überblickt man die weitläufige Küste, deren Höhenzüge wundervolle Aussichten eröffnen.

Diese Tatsache ist natürlich auch schon den Griechen der Antike aufgefallen, deshalb überrascht es nicht, dass man hier die Überreste einer Siedlung gefunden hat. Bei den Ausgrabungen wurden unter anderem eine Basilika und ein Theater freigelegt. Die Forschung ergab, dass die griechische Stadt Tyndaris 396 v. Chr. von keinem anderen als Dionysios, dem Tyrannen von Syrakus, gegründet wurde.

Später haben sich die Einwohner von Tyndaris mit den Römern verbündet. Ein Zeugnis aus dieser Zeit ist eine geheimnisvolle Villa, deren Reste beim Bau der Küstenautobahn Messina – Palermo entdeckt wurden. Diese Autobahn ist übrigens ein Wermutstropfen für ruhesuchende Strandurlauber in Patti, denn sie verläuft teilweise mit recht geringem Abstand gleich hinter der Küste.

Die römische Villa befindet sich in Marina di Patti gleich neben der Autobahn und ist noch immer nicht komplett ausgegraben. Ein Jammer, denn ihr Gelände erstreckte sich wohl über eine Grundfläche von zwanzigtausend Quadratmetern, womit sie schon eher ein ausgewachsener Palast gewesen ist denn eine Villa. Und nicht nur das: Der Fußboden dieses Anwesens war mit Mosaiken bedeckt. Damit hatte sie womöglich mehr Mosaike zu bieten als die berühmte Villa Romana del Casale bei Piazza Armerina, auf die wir noch zurückkommen werden.

Doch irgendwann gegen Ende des 4. Jahrhunderts zerstörte ein Erdbeben die römische Villa von Patti. Heftige Erdstöße sind in diesem tektonisch heiklen Gebiet auf halbem Weg zwischen Ätna und Liparischen Inseln keine Seltenheit, schon im 1. Jahrhundert waren Teile der Stadt Tyndaris deswegen im Meer versunken. Die Reste der römischen Villa wurden trotz der Zerstörung in den darauffolgenden Jahrhunderten wieder bewohnt, erst nach der vorletzten Jahrtausendwende gab man ihre Nutzung auf und funktionierte das Terrain stattdessen für eine Weile in einen Friedhof um.

Auch in den Resten von Tyndaris siedelten nach der Erdbebenkatastrophe weiterhin Menschen. In frühchristlicher Zeit stieg Tyndaris sogar zum Bischofssitz auf. Das war wohl der Grund, weshalb arabische Eroberer die Stadt im Jahr 836 komplett zerstörten. Es dauerte zweihundert Jahre, bis danach die neue Siedlung Tindari im Bereich des alten Tyndaris entstand. Aber es scheint, als ob der Ort unter keinem guten Stern gestanden habe. Denn während der Sizilianischen Vesper wurde Tindari erneut dem Erdboden gleichgemacht. Die Bewohner wollten sich nicht unterkriegen lassen und bauten die Ortschaft noch einmal auf, aber als diese dann dem Vandalismus einer Horde von Piraten zum Opfer fiel, erlosch auch das Durchhaltevermögen der zähesten Einwohner. Tindari geriet in Vergessenheit. Erst in den Fünfzigerjahren des letzten Jahrhunderts entstand wieder ein Neubau: die Wallfahrtskirche für die Schwarze Madonna, die um eine uralte Kapelle herumgebaut wurde.

Wohl fast jedes Fleckchen von Sizilien, und wirke es auf den ersten Blick noch so unscheinbar, weiß eine lange Geschichte zu erzählen. Das musste ich erstaunt feststellen, als der vermeintlich reine Badeurlaub in Patti getrieben durch meine Neugier schon bald von Besichtigungstouren in die allernächste Umgebung unterbrochen wurde.

Am Abend dann, nachdem wir ausgiebig auf den Stufen des erstaunlich großen griechischen Theaters von Tindari herumgeklettert waren, kehrten wir zurück an den Strand vor Mongiove, denn in diesem kleinen Fischerdorf hatten wir eine Ferienwohnung gemietet. Das Dörflein liegt eingerahmt von Olivenbäumen und Feigenkakteen genau zwischen Marina di Patti und Tindari. Hier unterbricht ein bizarr geformter Felsenvorsprung den Sandstrand, und ich nahm an seinem Rand Platz, um die Abendstimmung auf mich wirken zu lassen. Währenddessen kamen die Kinder endlich in den ersehnten Genuss des Strandes. Außer uns waren kaum Menschen dort, denn in der Nachsaison ist die schöne Küste erstaunlich einsam.

Die sinkende Sonne tauchte das Meer allmählich in sanfte Pastellfarben, und mit dem Dunklerwerden verblassten auch langsam die Silhouetten der Liparischen Inseln in der Ferne. Allmählich verschwand die Sonne hinter der Küste im Westen, doch die Kinder wollten noch bleiben. Erste Sterne blitzten am Firmament auf, und Strand und Meer verloren sich in den diffusen Schatten der Nacht. Schon wollte ich zum Aufbruch mahnen, da erglomm ein blasser Feuerschein am nördlichen Horizont. Erst glaubte ich, einer Täuschung aufgesessen zu sein, doch das Leuchten verstärkte sich mit zunehmender Dunkelheit. Kein Zweifel, weit dort draußen loderte ein großes Feuer. Hatte mein Vater nicht davon gesprochen, dass die Glut der Lavaeruptionen auf den Liparischen Inseln mitunter von

Siziliens Küste aus zu sehen sei? Es war wie ein lockendes Signalfeuer, das die Vulkane mir über das Meer herübersandten. Sein Sog erschien mir so unwiderstehlich, wie einst dem Odysseus der Gesang der Sirenen erschienen sein musste. Da fasste ich einen Entschluss.

Die Kinder waren enttäuscht, nun doch schon zu unserer Ferienwohnung zurückkehren zu müssen. Doch am nächsten Morgen würden wir in aller Frühe aufbrechen. Es dauert schließlich eine Weile, zu den Liparischen Inseln überzusetzen. Und dort braucht man ja auch noch hinlänglich Zeit, um den Tag zu genießen.

Orata al finocchio – Meerbrasse mit Fenchel

Zutaten für 4 Personen: *4 kleine Meerbrassen (Doraden, küchenfertig), 4 Fenchelknollen, 2 Zitronen, Olivenöl, Salz, Pfeffer*
Zubereitung: *Die Fische gut waschen und mit Küchenkrepp abtrocknen. Die Fenchelknollen waschen, die Stiele abschneiden, den Strunk im Inneren entfernen und den Fenchel längs in dünne Scheiben schneiden.*
In einer großen Pfanne etwas Olivenöl erhitzen, den Fenchel hineingeben, salzen, pfeffern und unter gelegentlichen Wenden 20 Minuten lang bei mittlerer Hitze garen. Die Fische innen und außen salzen und pfeffern, sodann auf den gut vorgeheizten Grill legen und von jeder Seite 3 ½ - 4 Minuten lang grillen. Die Zitronen auspressen. Den Fenchel auf Tellern anrichten, die Fische jeweils oben auflegen und mit Zitronensaft beträufeln. Dazu Weißbrot reichen.

Zwischen Schlamm und Schwefel – Vulcano

Ist es nicht herrlich, ein Kind zu sein und seinem Voyeurismus in aller kindlichen Unschuld freien Lauf zu lassen? Ich hingegen versuche, der Peinlichkeit zu entgehen und meine Kinder zum schnellen Weitergehen zu bewegen. Doch vergeblich, sie können sich einfach nicht von dem Anblick losreißen. Direkt vor ihnen sitzen wirklich und wahrhaftig erwachsene Menschen in einem Pfuhl und plantschen im Schlamm herum. Ja, nicht nur das, die Leute greifen mit vollen Händen in den hellgrauen Matsch und schmieren ihn sich auf die Schultern, rings um den Hals und – bewahre – sogar ins Gesicht! Ältere Damen mit gepflegtem Lockenkopf, seriöse Herren, die wohl eben noch einen Anzug trugen – was geht hier vor?

Ich ertappe mich dabei, wie ich fast schon krampfhaft bemüht bin, nicht hinzusehen. Ganz anders die Kinder, sie haben keinerlei Berührungsängste. Und nicht nur das, sie kichern sogar unverhohlen. Wer rechnet auch mit so etwas. Schließlich sind wir doch nur auf dem Weg vom Bootsanlegeplatz zur Badebucht…

Wir sind auf Vulcano angekommen, der drittgrößten der Liparischen Inseln. Sie macht ihrem Namen alle Ehre, denn überall an den Berghängen raucht es verdächtig, und mehr noch, es stinkt teils zum Erbarmen nach faulen Eiern. Und zwar keineswegs wegen einer maroden Hühnerfarm, das verraten uns die hellgelben Schattierungen auf dem Gestein am Wegrand. Es handelt sich dabei um Schwefel. Denn Vulcano ist eine aktive vulkanische Insel. Trotzdem leben die rund siebenhundert Einwohner hier offensichtlich ganz entspannt, und auch die zahlreichen Touristen zeigen keinerlei Anzeichen von Beunruhigung. Kein Wunder, der letzte Ausbruch liegt ja auch schon mehr als hundert Jahre zurück, und wir Menschen vergessen schnell. Er endete 1890 und war insofern bemerkenswert, als erstmals in der Geschichte eine staatlich beauftragte Abordnung von Experten wissenschaftliche Untersuchungen anstellte. Einer der beteiligten Vulkanologen prägte bei dieser Gelegenheit den Begriff der „vulkanischen Eruption", der uns heute so selbstverständlich erscheint.

Von Patti aus waren wir nach Milazzo gefahren, um von dort mit der Fähre zu den Liparischen Inseln überzusetzen. Auf dem Weg dorthin bot sich uns ein atemberaubendes Panorama auf den Meeresgolf zwischen Patti und Milazzo, über dem im Westen die Wallfahrtskirche der Schwarzen Madonna thront. Aber es blieb keine Zeit zum Verweilen, denn wir wollten die 8-Uhr-Fähre erwischen. Die nächste hätte erst anderthalb Stunden später abgelegt, doch dank der früheren Überfahrt erreichten wir Vulcano schon kurz vor neun Uhr morgens.

Vulcano ist die dem sizilianischen Festland nächstgelegene der Liparischen Inseln. Um ihren Hafen zu erreichen, fahren wir an Lipari vorbei, das mit seinen hellen

Häusern, grünen Hängen und bunten Booten einladend in der Morgensonne liegt. Doch wir steuern die danebenliegende Insel Vulcano an, die mit ihren dunkelgrauen Bergrücken und den schroffen, düsteren Hängen zumindest auf den ersten Blick weit weniger freundlich wirkt.

Die Liparischen Inseln bestehen aus einer Gruppe von sieben recht kleinen Inseln, die sich in Form eines weitgeschwungenen Ypsilons vor Siziliens Nordküste erstrecken. Man nennt sie auch die Äolischen Inseln, denn in der Antike vermutete man hier die Wohnstätte des Windgottes Aiolos. Odysseus hat auf seiner zehnjährigen Irrfahrt einen Zwischenstopp bei diesem Herrn der Winde eingelegt, und Aiolos war dem Helden des Trojanischen Krieges durchaus gewogen. Er schenkte Odysseus einen Sack, in welchem er die ungünstigen Winde eingefangen hatte. Doch die Gefährten des Odysseus konnten ihre Neugierde nicht bezwingen, öffneten auf der Weiterfahrt heimlich den Sack, um hineinzugucken, und – schwupp – entwichen die bösen Stürme und machten aus der gemütlichen Kreuzfahrt einen beängstigenden Kampf gegen schwere See.

Doch was ist schon ein bisschen Sturm gegen das, was im Untergrund der Liparischen Inseln schlummert. Sie gehören zu einer ganzen Kette von Vulkanen, die sich vom Vesuv bis zum Ätna in einem explosiven Bogen entlang Italiens Westküste spannen. Schuld daran ist – wir haben schon davon gehört – das Aufeinandertreffen der Kontinentalplatten zwischen Europa und Afrika. Besonders die

Apulische Platte, die sich von den Alpen über ganz Italien bis nach Sizilien erstreckt, ist ein unruhiger Geist. Ihre ständigen Bewegungen verursachen immer wieder Erdstöße und sind auch für die lebhafte vulkanische Tätigkeit in diesem Bereich verantwortlich. Die Phlegräischen Felder westlich des Vesuvs sind einer der zwanzig weltweit existierenden Supervulkane. Diese riesigen Vulkane bauen keinen Kegel auf, stattdessen erstrecken sich ihre Calderen über ein weites Gebiet. Bei den Phlegräischen Feldern sind das gut und gerne hundertfünfzig Quadratkilometer voller Thermalquellen, Fumarolen, Mofetten und Solfataren. Deren gemeinsame Magmakammer ist in zehn Kilometern Tiefe mit der des Vesuvs verbunden. Der Vesuv selbst ist ein Schichtvulkan, die Eruptionen dieses Vulkantyps erfolgen unvorhersehbar und mit extremer Gewalt. Das macht den Vesuv so brandgefährlich. Was jedoch ein Großausbruch der Phlegräischen Felder bedeuten würde, wagt man sich gar nicht vorzustellen.

Manche der Liparischen Inseln machen sich dagegen schon fast harmlos aus, wenngleich sie auf den ersten Blick deutlich aktiver wirken. Der Vulkan Stromboli auf der gleichnamigen nördlichsten Liparischen Insel ist sogar der einzige andauernd ausbrechende Vulkan von ganz Europa. In unregelmäßigen Abständen von wenigen Minuten bis zu einer Stunde spuckt der Stromboli Feuer, in dieser Regelmäßigkeit ist das Phänomen sogar weltweit einzigartig. Die ständigen Ausbrüche sorgen dafür, dass der Stromboli seinen Druck ablassen kann. Das heißt natürlich noch lange nicht, dass er so etwas wie ein ungefährlicher Jahrmarktsgaukler wäre. Im Jahr 1930 kam es zu einem heftigen Ausbruch. Ein zehn Meter hoher und siebzig Stundenkilometer schneller pyroklastischer Strom aus glühender Asche und brennendem Gas wälzte sich in Richtung Küste, drei Menschen verloren darin ihr Leben. Das Meer vor Stromboli kochte, alle Weinreben bis zu einer Entfernung von hundert Metern zur der Bahn des Feuerstroms verbrannten.

Seit damals schwankt die Aktivität des Stromboli auf überschaubarem Niveau. Richtig gefährlich wird es aber spätestens dann, wenn die regelmäßigen Ausbrüche schwächer werden oder ganz zum Erliegen kommen. Denn dann staut sich der Druck im Inneren des Vulkans gefährlich auf.

Scheinbar ruhig ist hingegen Grande Fossa, einer der Vulkane auf der Insel Vulcano. Die Fossa schlummert, und nur die vereinzelten Rauchwolken an ihren Hängen erinnern daran, dass noch Leben in ihr steckt. Genau das macht sie jedoch deutlich gefährlicher als den Stromboli. Auch bei der Fossa haben wir es mit einem Schichtvulkan zu tun, und etliche seit der Antike dokumentierte Ausbrüche belegen die stets lauernde Gefahr einer plötzlichen Eruption.

Der schon erwähnte letzte Ausbruch endete 1890 nach zwei Jahren ständig neuer Eruptionen. Während dieser Zeit kam es zu heftigen Explosionen, wobei Gesteinsbrocken von bis zu fünf Metern Durchmesser durch die

Luft geschleudert wurden. Die dabei austretenden Dämpfe waren so heiß, dass sich der Schwefel im Bereich des Kraters teilweise selbst entzündete. Damals hausten Sträflinge auf Vulcano, die dort den Schwefel abbauen mussten. Die anderen Bewohner ergriffen in ihren Booten die Flucht, und die Sträflinge überlebten nur, weil sie sich in den Schutz von Alaun-Höhlen retten konnten.

Auf einer Halbinsel liegt ein kleinerer Vulkan, der Vulcanello. Zwischen ihm und der Grande Fossa erstreckt sich ein flaches Becken, in dem es unablässig brodelt und dampft, das „Tote Feld". Diesen Namen hat es sich redlich verdient, denn alle vorhandenen Pflanzen fielen einer erhöhten Aktivität vor rund hundert Jahren zum Opfer.

Auch jetzt brodelt und blubbert es überall im Toten Feld, sowohl an Land als auch im flachen Wasser seiner Küste. Dabei tritt hauptsächlich bloß Wasserdampf aus, doch sind auch Kohlendioxid und Schwefelwasserstoff enthalten. Letzterer bewirkt den besagten fauligen Geruch.

Doch die Menschen im Schlammpfuhl lassen sich ihr Badevergnügen davon nicht trüben. Die Fumarole sorgen dafür, dass der Schlamm Temperaturen von 35 Grad und mehr erreicht, und das erklärt, warum das Bad auch schon in den frühen Morgenstunden durchaus angenehm temperiert ist. Von den enthaltenen Mineralien versprechen die Badenden sich Heilung von Hauterkrankungen, Rheuma und Arthritis. Die positive Wirkung eines Bades im Schlammpfuhl ist allerdings umstritten. Der austretende

Schwefelwasserstoff ist nämlich hochgiftig, und zwar schon in geringer Dosis. Zwar vermischt der Wind das Gas schnell mit der Luft, doch liegt der Badepfuhl in einer windgeschützten Mulde. Und außerdem hat er keine direkte Verbindung zum Meer, das heißt, es findet hier kein Wasseraustausch statt. Oder mit anderen Worten: Die Badenden sitzen stets gemeinsam im gleichen Badewasser, und vor ihnen saßen schon ungezählte andere darin. Sollte ich allen Bedenken zum Trotz die Lust verspürt haben, am Schlammplantschen teilzunehmen, so vergeht mir diese spätestens jetzt.

Ein Stückchen weiter sind die Kinder an der flachen Küste ins warme und erfreulicherweise glasklare Wasser des Meeres gestiegen. Es amüsiert sie köstlich, dass es rings um sie herum blubbert. Kein Wunder, auch hier sind überall Fumarole im Untergrund. Die austretenden Gase sind unsichtbar. Aber ich weiß, dass sie deshalb keinesfalls auch ungefährlich sind. Außerdem können sie Temperaturen von bis zu vierhundert Grad erreichen, wobei sie im Durchschnitt nicht heißer als hundert Grad werden. Fachleute bezeichnen sie deshalb als kühl, was mir angesichts einer möglichen Berührung mit zarter Kinderhaut ziemlich euphemistisch erscheint.

Deshalb beende ich den Badespaß der Kleinen schleunigst. Meine Kinder müssen mich inzwischen für einen gewohnheitsmäßigen Spielverderber halten…

Aperitivo al limone – Zitronen-Aperitif

Zutaten pro Glas: *100 ml Prosecco (oder ein trockener Spumante), 0,2 cl Limoncello, 1 El Zitronensaft, 2 Eiswürfel, 2 grüne Oliven, 1 Zitronenscheibe*
Zubereitung: *Die Gläser (Sektschalen) ins Eisfach stellen, Prosecco und Limoncello kühlen. Dann die Oliven in ein Glas geben, die Eiswürfel hinzugeben, Zitronensaft und Limoncello darüberträufeln und mit Prosecco auffüllen. Mit einer Zitronenscheibe dekorieren.*

Linguine con capperi – ein Rezept von den Liparischen Inseln

Zutaten für 4 Personen: *400 g Linguine (schmale Bandnudeln), 120 g kleine Kapern (aus dem Glas), 120 ml Olivenöl, 4 Knoblauchzehen, 1 rote Chilischote, 1 kl. Bd. Blattpetersilie, 60 g würziger Pecorino, grobes Meersalz, Salz, Pfeffer*
Zubereitung: *Die Chilischote waschen, halbieren, entkernen und quer in dünne Streifen schneiden. Die Knoblauchzehen häuten und fein hacken. Die Kapern in ein Sieb schütten und gut abtropfen lassen. Das Olivenöl in einen Becher geben und Kapern, Knoblauch sowie Chili hinzugeben. 2 El Meersalz unterrühren, kräftig pfeffern und 3 Stunden lang an einem warmen Ort durchziehen lassen.*
Den Pecorino in feine Streifen hobeln. Die Petersilienblättchen abzupfen und grob hacken.
Die Linguine in gesalzenem Wasser bissfest kochen, anschließend abgießen und mit ein wenig Kochwasser zurück in den Topf geben. Das Kapernöl darübergießen und gut vermischen. Danach die Petersilie unterrühren.
Auf Tellern anrichten und mit dem gehobelten Pecorino überstreuen.

Sizilien im Serienfieber – Orlando und Angelica

Orlando ist außer sich. Verzweifelt ringt er die Hände. Er kniet vor Angelica, dieser wunderschönen Frau, der sein ganzes Herz gehört. Heiße Liebesschwüre hat er ihr dargebracht, doch sie weist ihn mit kühlem Lächeln ab. So wie sie es immer getan hat. Orlando schluchzt auf, schon streckt er die Arme aus, um die Beine der Angebeteten zu umschlingen. Doch sie wendet sich ab und geht. Lässt ihn allein in seinem Seelenschmerz. All seine Hoffnung liegt zerschlagen zu Füßen der Trümmer seines gebrochenen Herzens. Unter bitterlichem Klagen wirft Orlando sich zu Boden.

Ein Aufschrei geht durch die Reihen der Menschen, die die Szene beobachtet haben. Eine Frau fasst sich ans Herz und starrt mit geöffnetem Mund auf den daniederliegenden Orlando. Eine andere wischt sich Tränen aus den Augen. Der Mann neben ihr schüttelt heftig den Kopf und schlägt dann die Hände zu beiden Seiten auf die Wangen, als wolle er sein eigensinniges Haupt dadurch wieder zur Raison bringen. „No!“, ruft jemand aus der hinteren Reihe, immer wieder: „No, Angelica, no! Al ritorno! Ti ama ancora!“ – „Nein, Angelica, komm zurück, er liebt dich doch!“

Doch Angelica kehrt nicht wieder. Stattdessen schließt sich ein Vorhang vor der Szenerie. Er ist prächtig bemalt mit Bildern von Rittern, die in ein blutiges Kampfgeschehen verwickelt sind. Die Musik aus dem automatischen Klavier schwillt zu einem dramatischen Höhepunkt an und bricht dann ab. Das Publikum beginnt zu klatschen und zu jubeln. Die Vorstellung ist zu Ende – für heute.

Wir befinden uns nämlich in einem Theater und sind soeben Zeugen einer alten sizilianischen Tradition geworden. Das Herz unseres Orlandos konnte gar nicht brechen, denn er ist kein Mensch aus Fleisch und Blut. Er ist eine Marionette. Und was für eine! Orlando trägt eine handziselierte Ritterrüstung aus Metall, sein Gesicht ist aus Holz geschnitzt und mit kräftigen Farben angemalt. Über der markanten Nase blitzen blaue Augen unter hochgezogenen Brauen, sie verraten die Entschlossenheit und Zielstrebigkeit des Ritters. Auf dem Kopf trägt er einen Helm, dessen Visier auf- und zugeklappt werden kann, und obenauf prangt sein heraldisches Zeichen. Orlando ist hundertzwanzig Zentimeter groß – das ist beachtlich für eine Marionette, die von der Hand eines Puppenspielers geführt werden muss. Denn nicht nur das, Orlando bringt dazu auch noch stolze zwanzig Kilogramm auf die Waage!

Entsprechend muskulös ist Fabrizio, der „Puparo“. So heißt der Puppenspieler des Sizilianischen Marionettentheaters, einer einzigartigen Tradition, die sogar von der UNESCO in der Liste der Meisterwerke des mündlichen und immateriellen Menschheitserbes aufgeführt wird. Die Aufnahme in diese illustre Reihe erfolgte 2001 auch unter dem Aspekt, die alte Kunst unter Schutz zu stellen. Denn in den Jahrzehnten zuvor sah die Zukunft der sizilianischen Puppenspielerei nicht gerade rosig aus. Waren die Puppenspielbühnen auf der Insel über lange Zeit hinweg der Publikumsmagnet schlechthin gewesen, so wurden sie in der Nachkriegszeit mehr und mehr vom Fernsehen verdrängt. Allenfalls Touristen verirrten sich noch in die wenigen Puppentheater, die es schafften, diese lange Durststrecke zu überdauern, und die Touristen betrachteten das Spiel amüsiert als eine Art ethnische Kuriosität. Sie wussten nichts von seiner langen Geschichte, von seiner Entstehung und vor allem von der großen Bedeutung, die das Marionettentheater vormals für die Sizilianer gehabt hatte.

Es begann in der turbulenten Zeit zu Anfang des 19. Jahrhunderts. Dies war die Zeit der ständigen Machtwechsel, wo sich die verschiedensten europäischen Regenten als Herrscher über die Insel versuchten und die sizilianische Krone wie eine Spielfigur beim Schach hin- und hergeschoben wurde. Dabei widmeten die Mächtigen ihr Augenmerk lediglich dem Spiel selbst, der Zustand der Insel oder gar das Wohlergehen ihrer Bewohner waren für sie von nachrangigem Interesse.

Entsprechend groß war der Unmut unter der armen und rechtlosen Bevölkerungsmehrheit. Da boten den Menschen herumziehende Gaukler und Komödianten ein willkommenes Ventil. Sorgten sie doch endlich einmal für Abwechslung vom tristen und beschwerlichen Alltag! Die

Aufführungen gaben den Bauern, Tagelöhnern und kleinen Handwerkern die Gelegenheit, zusammenzukommen, und sie lieferten ihnen unablässig neuen Gesprächsstoff. So gerieten sie schließlich zu Stiftern einer gemeinschaftlichen kulturellen Identität.

Es waren fahrende Künstler aus Acireale, die damals auf die Idee kamen, Marionetten zu schnitzen und ihren Zuschauern damit etwas vorzuspielen. Als Thema wählten sie das berühmte Epos vom Ritter Orlando, dem „Rasenden Roland". Im Wesentlichen handelt es davon, dass Orlando unglücklich in die Prinzessin Angelica verliebt ist, so schlimm, dass er darüber sogar zeitweise seinen Verstand verliert. Daneben sieht er sich ständigen Angriffen ausgesetzt, denn es herrscht eine unruhige Zeit. Christliche und muslimische Könige streiten darum, welche Lehre die richtige sei, und ihre Krieger, Paladine und Sarazenen, schlagen sich deshalb gegenseitig die Köpfe ein. Fabelwesen, Zauberer, zarte Fräuleins und wilde Kriegerinnen spielen dabei auch eine Rolle, und so entwickelt die Geschichte zahllose Handlungsstränge, die sich beliebig fortspinnen lassen. Entsprechend dachten sich die herumziehenden Puppenspieler nie endende Fortsetzungsgeschichten aus, womit sie die Zuschauer geschickt in ihrem Bann hielten. Diese konnten es gar nicht abwarten, bis die Theatergruppe endlich wiederkam und sie erfuhren, wie die Sache weiterging. Alle Serien-Junkies unserer heutigen Zeit wissen genau, was das bedeutet, denn es ist das gleiche Prinzip. Die sizilianische „Opera dei pupi“ war nichts anderes als der Vorläufer eines Phänomens, das über Soap-Operas wie „Dallas“ und „Der Denver-Clan“ bis hin zu Erfolgsserien wie „Game of Thrones“ oder „The Walking Dead“ geführt hat.

Doch wie holt man einen modernen Serienfan vor dem Bildschirm weg und lockt ihn zurück auf die mit kunstvollen Schnitzereien verzierten Holzbänke des Puppentheaters? Längst schon ziehen die „Pupari“ mit ihren Marionetten nicht mehr über die Dörfer. Lediglich in den großen Städten, vor allem in Palermo, Catania, Agrigent und Syrakus, haben sich Theaterbühnen erhalten, auf manchen davon finden sogar täglich Aufführungen statt.

Ich habe den Puparo Fabrizio gefragt, was sein Geheimrezept ist. Denn sein Puppenspiel in Palermo ist fast immer bis auf den letzten Platz ausverkauft.

Fabrizio schmunzelt und streicht sich über seinen rötlich schimmernden Bart. Dann erzählt er von seinen Eltern, die auch Puppenspieler waren. Bis in die Siebzigerjahre fuhren sie mit ihrem bunt verzierten Wagen kreuz und quer über die Insel, und wie die meisten Puppenspieler stellten sie ihre Figuren selbst her. Fabrizio und seine drei Geschwister waren stets dabei, sie lernten das Handwerk von der Pike auf. Doch immer weniger Zuschauer kamen zu den Aufführungen. Schließlich resignierten die Eltern und gaben auf. „Lernt etwas anderes“, sagte der Vater zu seinen halbwüchsigen Kindern, doch Fabrizio weigerte sich.

Die Bühne, das war sein Leben, und deshalb fasste er den Entschluss, eine reguläre Schauspielausbildung in Rom zu absolvieren.

Doch die Paladine und Sarazenen des Sizilianischen Marionettentheaters gingen ihm nie ganz aus dem Kopf. So kam er schließlich zurück, mietete ein kleines Theater in Palermo und vervollständigte sein Wissen um die Herstellung der fantasievollen Marionetten.

Diese Technik ist ein streng gehütetes Geheimnis der einzelnen Puppenmacher. Die Figuren sind äußerst beweglich, so kann beispielsweise Orlando sein Schwert aus der Scheide ziehen oder seine geliebte Angelica umarmen. Manche Marionetten können sogar im Schlachtgeschehen auseinanderbrechen und lassen sich später wieder zusammensetzen. Sie sind bis ins kleinste Detail prächtig ausgestattet, denn zwischen den einzelnen Puppenspielern herrschte schon immer ein Konkurrenzkampf um die schönsten Exemplare.

Zur Aufführung werden die Puppen dann akribisch geordnet neben der Bühne aufgehängt – links die christlichen Paladine, rechts die muslimischen Sarazenen. Ein Gehilfe unterstützt Fabrizio, wenn sich im Schlachtgetümmel viele Marionetten gleichzeitig auf der kleinen Puppenbühne drängen müssen. Doch den wesentlichen Part der virtuosen Choreografie übernimmt Fabrizio selbst. Mit seinen Holzpantoffeln simuliert er den Schlachtlärm, während er mit kräftiger Stimme die Wortgefechte und

Schreie der Kämpfenden wiedergibt. Mehr als vierzig verschiedene Stimmlagen beherrscht er, so verrät Fabrizio mir.

Und seine Professionalität zahlte sich aus. Denn allmählich kamen immer mehr Zuschauer in sein kleines Theater. Es waren zwar keine Bauern und Tagelöhner mehr, stattdessen besuchten zunächst neugierige Touristen die Aufführungen. Irgendwann sprang der Funke auch auf die Einheimischen über. Nach und nach erschienen immer mehr interessierte Sizilianer. Doch im Gegensatz zu früher ist es jetzt eher ein intellektuelles Publikum, das Gefallen an der alten Bühnenkunst findet. Inzwischen kommen die Zuschauer in Scharen, und sie machen es, wie es schon Generationen vor ihnen getan haben: Sie fiebern mit ihren Helden mit, sie feuern sie an, buhen die Bösen aus und begleiten die Vorstellung eifrig mit ihren Kommentaren, mit lautem Klatschen und Rufen.

Bei der nächsten Aufführung werden sie alle wiederkommen. Dann werden sie aufs Neue mit Orlando bangen, wenn er seine Angelica umwirbt, wenn er unermüdlich und tapfer seine Schlachten gegen die Sarazenen schlägt, wenn er schmachtet, kämpft, verzweifelt. Ein endloser Kampf gegen die Feinde und für die Liebe, Orlando, gefangen in einem ewigwährenden Teufelskreis und doch stets wieder voller neuer Hoffnung.

Staffel hundertdreiundzwanzig, Episode neunzehn…

Involtini di melanzane e zucchine – Röllchen aus Auberginen und Zucchini

Zutaten für 4 Personen: *2 Auberginen, 2 Zucchini, 10 Tomaten, 100 g Ricotta, 50 g Paniermehl, 80 g geriebener Pecorino, 6 getrocknete Tomaten, 12 entsteinte schwarze Oliven, 20 g Pinienkerne, 2 El Kapern 1 Chilischote, 3 El Balsamicoessig, 1 kl. Bd. Blattpetersilie, 1 Bd. Basilikum, ½ Tl Zucker, Olivenöl, Salz, Pfeffer*

Zubereitung: *Die Tomaten waschen und würfeln. In einem Topf etwas Olivenöl erhitzen, die Tomaten hinzugeben, aufkochen, dann bei mäßiger Hitze ohne Deckel 45 Minuten lang köcheln lassen und unter gelegentlichem Rühren zu einer sämigen Sauce einreduzieren. Zucchini und Auberginen waschen und längs in dünne Scheiben schneiden. In einer Pfanne Olivenöl erhitzen und die Scheiben beidseitig braten, bis sie weich sind. Auf Küchenkrepp abtropfen lassen.*
Basilikum- und Petersilienblättchen abzupfen und jeweils fein hacken. Oliven, getrocknete Tomaten, Chilischote, Pinienkerne und Kapern ebenfalls fein hacken. Die Hälfte des Basilikums beiseitestellen, die anderen gehackten Zutaten in eine Schüssel geben und mit Paniermehl, Ricotta, Pecorino, 2 El Balsamicoessig sowie Salz und Pfeffer zu einer Paste vermischen. Die abgekühlten Auberginenscheiben nebeneinander auf eine Arbeitsfläche legen und jeweils eine Zucchinischeibe darauflegen. Sollte am Ende entweder Zucchini oder Aubergine übrigbleiben, diese fein hacken und unter die Paste rühren. Dann die obenliegenden Zucchinischeiben salzen, pfeffern und die Paste gleichmäßig auf allen Scheiben verteilen. Nun jeweils zusammenrollen und mit einem Zahnstocher fixieren. Erneut Olivenöl in der Pfanne erhitzen und die Röllchen ringsum goldbraun braten. Die Tomatensauce mit Salz, Pfeffer, Zucker und 1 El Balsamicoessig würzen und das restliche Basilikum unterrühren. Auf Tellern anrichten und die Röllchen oben auflegen. Mit krossem Weißbrot servieren.

Polyphemos – der wütende Riese von Aci Trezza

Polyphemos benahm sich wie ein rechter Sonderling. Vielleicht lag es daran, dass ihm sein Name zu Kopf gestiegen war, dieser ist altgriechisch und bedeutet „der Vielgerühmte". Wie dem auch sei, Polyphemos hatte sich von seiner Gruppe abgesondert und lebte alleine, während die anderen gemeinschaftlich ihrer Arbeit nachgingen und ihre Ziegen und Schafe hüteten.

Auch Polyphemos hielt Ziegen und Schafe, was nicht weiter verwunderlich war. Denn die Insel, auf der er lebte, wurde auch „Ziegeninsel" genannt. In ihrem Landesinneren gab es so undurchdringbaren Urwald, dass Polyphemos und die anderen Hirten es vorzogen, an der Küste zu wohnen. Aufgrund ihrer Herkunft fühlten sie sich dort ohnehin am wohlsten, denn sie waren alle Söhne des Poseidon, und der herrschte bekanntlich über die Meere.

Mitten auf der Ziegeninsel erhob sich ein mächtiger Berg. Göttervater Zeus, der Bruder des Poseidon, hatte ihn einst dort hingeworfen, um das renitente Ungeheuer Typhon darunter zu begraben. Seit damals verharrt Typhon gefangen im Untergrund, und in seiner maßlosen Wut über dieses missliche Schicksal lässt er die Berghänge bis heute immer wieder mal erbeben. Wenn sein Zorn besonders heftig aufwallt, dann spuckt er sogar Feuer und glühendes Gestein aus den Tiefen des Berges heraus.

Eines Tages ließ sich Hephaistos, ein Sohn des Zeus und außerdem der Gott des Feuers und der Schmiedekunst, auf dem Berg nieder, um dessen Feuerkraft zu nutzen. Er stellte seine Cousins, die kräftigen Brüder des Polyphemos, als Gehilfen ein. Diese Jungs schmiedeten fortan im Vulkanfeuer die Blitze, die ihr Onkel Zeus benötigte. Denn der mächtige Götterchef pflegte sich gegenüber den Sterblichen stets in Form von Blitzen zu manifestieren.

Doch zu der neuen Arbeit seiner Brüder verspürte Polyphemos wenig Lust. Deshalb wohnte er von nun an allein und zurückgezogen in einer geräumigen Höhle mit schönem Blick auf die Felsenküste und das azurfarbene Wasser des Ionischen Meeres. Hier lebte er in friedlicher, ruhiger und angenehmer Umgebung. Jedenfalls bis zu dem Tag, an dem sich alles ändern sollte.

Denn eines schönen Morgens ankerte Odysseus vor der Küste, an der Polyphemos lebte. Odysseus und seine Gefährten waren zu diesem Zeitpunkt schon seit einer ganzen Weile unterwegs.

Zehn Jahre lang hatten sie Troja belagert, bis die Stadt durch die berühmte List des Odysseus, der die griechischen Truppen im Trojanischen Pferd in die feindliche Stadt einschmuggelte, endlich fiel. Und als wenn die lange Zeit der Belagerung nicht schon zermürbend genug gewesen wäre, kamen die zwölf Schiffe von Odysseus und seinem Gefolge auf der Heimfahrt auch noch vom Weg ab und mussten einen weiten Umweg in Kauf nehmen.

Zunächst waren sie planmäßig von Troja nach Ismaros an der nordöstlichen Küste Griechenlands gesegelt, wo es ganz ausgezeichneten und berauschenden Wein gab. Das war aber auch der einzige Vorzug, denn Ismaros lag in einer völlig anderen Ecke des Landes als Ithaka, die Heimatinsel des Odysseus. Der Weg dorthin war noch weit, er sollte sie durch die Ägäis um den ganzen Peloponnes herum bis ins Ionische Meer führen. Ihren Ärger über diesen Umstand ließen Odysseus und die Seinen an der Bevölkerung von Ismaros aus, sie überfielen die Stadt und richteten ein Gemetzel an. Nur den Priester verschonten sie, woraufhin dieser ihnen als kleines Dankeschön ein Fässchen des erwähnten Weines schenkte. Diesem Wein sollte in der Folge noch eine bedeutende Rolle zukommen.

Auf der Weiterfahrt gerieten die Haudegen in einen Sturm, der sie weit von der ursprünglichen Route bis an die nordafrikanische Küste abdrängte. Hier lebte das Volk der Lotophagen, die köstliche Früchte anbauten. So köstlich, dass man bei ihrem Verzehr alles um sich herum vergaß und nur noch bleiben wollte. Das jedoch missfiel Odysseus, der unbedingt zurück nach Ithaka wollte. Denn immerhin war er Herrscher dieser Insel, und zudem wartete dort seine Ehefrau Penelope, die er nun schon seit vielen Jahren nicht mehr gesehen hatte. Wer wusste, ob sie überhaupt noch auf ihn wartete!

So drängte er seine Kameraden zur Weiterfahrt und ging auf nordöstlichen Kurs. Dort irgendwo in der Ferne lokalisierte er seine Heimat, und damit lag er absolut richtig. Denn die Lotophagen lebten auf der Insel Djerba im heutigen Tunesien. Die einigermaßen gerade Linie von Djerba nach Ithaka führte Odysseus auf halbem Weg an der Ostküste der Ziegeninsel des Polyphemos vorbei, und weil die Vorräte der Seefahrer langsam zur Neige gingen, legten sie dort einen Zwischenstopp ein. Drei Tage lang entspannten sie auf einer kleinen vorgelagerten Insel, doch diese war menschenleer und öde. Deshalb machte sich Odysseus endlich zusammen mit zwölf seiner Leute auf den Weg, die unbekannte Küste der Hauptinsel in Augenschein zu nehmen. Dort entdeckten sie schon bald eine offensichtlich bewohnte Höhle, und weil Odysseus wissen wollte, wer darin hauste, legte er sich mit seinen Gefährten auf die Lauer und wartete.

Sie müssen ganz schön erschrocken sein, als Polyphemos schließlich am Abend mit seiner Herde zurückkehrte. Denn Polyphemos war ein Zyklop, ein furchteinflößender einäugiger Riese. Besonders zivilisiert gab er sich nicht, denn als er die versteckten Eindringlinge bemerkte, verschlang er gleich zwei von ihnen mit Haut und Haar. Die anderen sperrte er ein, indem er einen gewaltigen Stein vor den Höhleneingang rollte. Nun werde er, so ließ er die Gefangenen wissen, einen nach dem anderen von ihnen verspeisen.

Angesichts dieser recht prekären Aussichten behielt Odysseus die Nerven. Er hatte sich ja bereits in Troja als findiger Fuchs gezeigt, und so sann er auch in der Zyklopenhöhle auf eine List. Nachdem Polyphemos am folgenden Morgen einen weiteren Unglücklichen verzehrt hatte, bot Odysseus ihm scheinbar leutselig ein Schlückchen Wein zum Hinunterspülen an. Polyphemos war grobschlächtig und offensichtlich nicht sonderlich helle, weshalb er das Angebot gerne annahm. Odysseus aber schenkte ihm jenen starken Wein ein, den er vom Priester in Ismaros erhalten hatte. Polyphemos, der offensichtlich nicht an Alkohol gewöhnt war, geriet schon bald in einen schweren Rauschzustand. Bevor er volltrunken auf sein Lager fiel, fragte er Odysseus noch nach seinem Namen, den dieser wohlüberlegt mit „Niemand" angab.

Als Polyphemos dann in tiefen Schlaf gesunken war, ergriffen Odysseus und seine verbliebenen Männer einen glühenden Holzpfahl aus dem Höhlenfeuer und trieben ihn in das Auge des Zyklopen. Unter grässlichen Schmerzen schreckte der Riesen auf, doch geblendet, wie er war, vermochte er seine Feinde nicht aufzuspüren. In seiner Verzweiflung brüllte er, und seine Brüder kamen herbeigeeilt, um zu helfen. Als sie ihn fragten, wer ihm das angetan habe, antwortete er wahrheitsgemäß „Niemand", und das immer wieder. Da hielten sie den Wunderling für vollends verrückt und gingen wieder nach Hause.

Am nächsten Morgen begannen die Tiere des Polyphemos unruhig zu werden, denn schließlich waren sie ja am Vortag in der Höhle geblieben. So hatte der Blinde keine Wahl, als seine Herde nach draußen auf die Weidegründe zu treiben. Da klammerten sich Odysseus und seine Männer am dichten Bauchfell der Schafe fest und entwischten unbemerkt aus ihrem Höhlengefängnis.

So kam es, dass sie ihre Schiffe erreichten, Segel setzten und schleunigst davonfuhren. Polyphemos, der die Flucht schließlich doch bemerkt hatte, war außer sich vor Wut. In seiner Hilflosigkeit warf er ihnen schwere Felsbrocken hinterher, doch weil er nichts sehen konnte, verfehlte er die Schiffe. Darüber geriet Odysseus in Übermut, verspottete den Zyklopen und verriet ihm höhnend auch noch seinen richtigen Namen.

Das jedoch war ein dummer Fehler. Denn Polyphemos kannte nun den Übeltäter. Flugs beklagte er sich bei seinem Vater, und der war ja schließlich kein Geringerer als der Gott des Meeres. Von väterlichem Zorn ergriffen nahm sich Poseidon der Sache persönlich an und rächte das Schicksal seines Sohnes, indem er Odysseus und seine Gefährten zu einer viele Jahre währenden Irrfahrt verdammte.

Das war das Aus für den sicheren Kurs auf Ithaka und der Beginn einer mit zahllosen Schrecken und Gefahren verbundenen Odyssee. Statt nach Ithaka ging es weiter zu Aiolos, dem Windgott auf den Äolischen Inseln, zur Zauberin Kirke an Italiens Westküste, zu den Sirenen und zu den Meeresungeheuern Skylla und Charybdis in der Straße von Messina, um nur einige der zahlreichen Fährnisse ihrer Reise zu nennen.

Natürlich ist uns längst klar, dass die Heimstatt des Zyklopen Polyphemos an Siziliens Ostküste zu finden ist. Hier liegt die Riviera der Zyklopen, und vor der Ortschaft Aci Trezza ragen die Zeugen der schicksalsträchtigen Begebenheit aus dem Meer: die Zyklopeninseln. Sie sind nichts anderes als die Felsen, welche der tobende Polyphemos den Schiffen des Odysseus hinterhergeworfen hat.

Geologen behaupten allerdings, dass ein Vulkanausbruch am Meeresgrund vor etwa einer halben Million Jahren für die Entstehung dieser Inseln verantwortlich sei. So ist denn überhaupt die Geschichte des Odysseus in der Wissenschaft höchst umstritten. Man ist sich nicht einmal darüber einig, ob Homer, der sagenhafte Vater der Dichtkunst, wirklich gelebt hat und ob die berühmten Epen „Ilias" und „Odyssee" tatsächlich aus seiner Feder stammen. Schließlich liegt deren Entstehung auch schon 2.800 Jahre zurück. Und die geschilderten Ereignisse fanden in einer Epoche statt, die noch einmal rund fünfhundert Jahre davor liegt.

Bevor die Geschichte vom Trojanischen Krieg schriftlich fixiert wurde, war sie von Generation zu Generation mündlich überliefert worden. Das rhythmische Versmaß des Hexameters erleichterte es den Erzählern dabei, sich die Zeilen zu merken. So ist es durchaus denkbar, dass die Sage über die Jahrhunderte hinweg einigermaßen unverändert erhalten blieb. Die Homerischen Verse entführen den Leser also tatsächlich in die Welt der Bronzezeit.

Der wahre Kern dieser Verse gilt seit Heinrich Schliemanns Ausgrabungen als erwiesen. Doch um die genaue Lokalisierung der einzelnen Schauplätze ranken sich zahlreiche Theorien. Schon in der Antike wurde Sizilien als Heimat der Zyklopen geortet. Der römische Dichter Vergil siedelte sie in seiner „Aeneis“ im Nordosten der Insel nahe dem Ätna an. Wenn auch manche Forscher Siziliens Westküste oder gar die Gegend von Neapel ins Gespräch brachten, so tendiert doch die Mehrheit dazu, sich Vergil anzuschließen. Tatsächlich könnten sich etliche Ereignisse der zehnjährigen Schiffsreise in Süditalien und besonders im Umkreis von Sizilien zugetragen haben. Denn schließlich notierte Homer seine Verse zu einer Zeit, als diese fremde und geheimnisvolle Region gerade von seinen Landsleuten kolonialisiert wurde. Das wiederum würde heißen, dass Homer die Irrfahrt des Odysseus in seine eigene Gegenwart übertragen und zu der alten Geschichte von Troja hinzugedichtet hat. Dabei hätte er sich dann der Mythen und Geschichten aus den neuen Kolonien bedient.

Doch was hat es mit den Zyklopen von Sizilien auf sich? Auch dazu haben die Forscher eine Theorie. Denn in prähistorischer Zeit lebten auf Sizilien Zwergelefanten, die erst relativ spät von den Menschen ausgerottet wurden. Die Schädel dieser Tiere weisen in der Mitte eine übergroße Nasenöffnung auf. Menschen, die später solche Schädel fanden, interpretierten die Öffnung womöglich als gigantische Augenhöhle.

Dann rätselten sie, welchem Wesen dieser mächtige Schädel wohl gehört haben mochte. Und als sie abends am Lagerfeuer darüber sprachen, da gesellte sich mit einem Mal ein schemenhaftes Fantasiewesen zu ihnen und nahm in der lodernden Glut allmählich die Gestalt eines Zyklopen an. Eines fürchterlichen einäugigen Riesen, der einen Menschen wohl mit Haut und Haaren verschlingen würde. Und wer wusste es, vielleicht hausten solche Ungeheuer ja noch immer irgendwo versteckt an der zerklüfteten Küste Siziliens?

Zuppa di Fave – Saubohnensuppe

Zutaten für 4 Personen: *600 g geschälte, getrocknete Saubohnen (Ackerbohnen), 1 Zwiebel, 2 Knoblauchzehen, Olivenöl, Pfeffer, Salz*
Zubereitung: *Die Saubohnen über Nacht in kaltem Wasser einweichen lassen. Am nächsten Tag Zwiebel und Knoblauchzehen schälen und fein hacken. In einem Topf etwas Olivenöl erhitzen und die Zwiebeln darin glasig andünsten. Bohnen und Knoblauch mit dem Wasser hinzugeben, salzen, pfeffern und aufkochen lassen. Sodann die Hitze reduzieren und die Bohnen 2 Stunden lang leise köcheln lassen bis sie zerfallen. Ggf. ein wenig Wasser nachgießen. Bohnen, die nicht zerfallen, am Ende mit einer Gabel zerdrücken. Die Suppe auf Teller geben, etwas Olivenöl darübergießen und etwas Pfeffer darübermahlen. Mit Bauernbrot servieren.*

Dieser Saubohnenpüree ist auf Sizilien bekannt, seit die Insel eine Provinz des Römischen Imperiums gewesen ist. Er war jahrhundertelang das einfache und nahrhafte Standardessen der armen Bauern.

Das Rätsel um Rosalia – die Toten von Palermo

Noch eine weitere Etappe meiner allerersten Reise nach Sizilien ist mir unvergesslich geblieben. Sie steht dem zähen Tintenfisch und der Mystik von Selinunt in nichts nach und hat meinen Eindruck von der Fremdartigkeit und Exotik dieser Insel nachhaltig geprägt.

Es war in Palermo. Wir hatten die Stadt bereits besichtigt, den imposanten Dom und die kleineren Kirchen, die mit ihren roten Kuppeln deutlich den orientalischen Einfluss widerspiegeln. Den Normannenpalast mit der Cappella Palatina, deren prächtige Goldmosaiken nicht minder orientalisch anmuten, und die davorgelegene Parkanlage Villa Bonanno mit ihren zahlreichen üppigen Palmen. Im Giardino Garibaldi bestaunten wir die größten Feigenbäume Europas und im Archäologischen Museum die zahllosen Fundstücke aus griechischer und römischer Zeit. Den an der Küste emporragenden Kalksteinberg Monte Pellegrino hat schon Goethe auf seiner italienischen Reise bewundert und als schönstes Kap der Welt bezeichnet, so dozierte mein Vater. Er fügte aber noch einschränkend hinzu, dass der Dichterfürst das wohl kaum beurteilen konnte. Denn schließlich hatte er weite Teile unserer Welt ja gar nicht gesehen.

Während wir über einen Straßenmarkt in der Altstadt schlenderten, entriss ein Vespa fahrender Brigant meiner

Mutter ihre Handtasche und verschwand damit in den winkligen Gassen. Das führte uns erst zur Polizeiwache, später erholten wir uns von dem Schreck im einzigartigen Botanischen Garten der Stadt, dessen exotische Pflanzenwelt mich genauso zum Staunen brachte wie die endlosen Wäscheleinen, die sich gleich tibetischen Gebetsfahnen überall in der Altstadt quer über die Straßen spannten.

Zum Abschluss unseres Aufenthalts würden wir noch einen Friedhof aufsuchen, kündigte mein Vater an und schlug den Baedeker auf, um in gewohnter bildungsbürgerlicher Manier die zugehörigen Daten, Fakten und Hintergründe vorzutragen. Schon klappte ich nicht minder gewohnheitsmäßig die Ohren herunter, da ließ mich ein magisches Wort wieder aufhorchen: Mumien! Denn mein Vater wollte mit uns eine Gruft besuchen, in der mumifizierte Leichen ausgestellt waren, und die Aussicht auf ein makabres Gruselkabinett weckte meine Neugierde sofort. Schließlich war ich noch jung, und die Konfrontation mit der in so unvorstellbar weiter Ferne liegenden Endlichkeit des Lebens erschien mir mit einer gewissen morbiden Attraktivität behaftet.

Allerdings hatte ich keine Vorstellung davon, was mich erwartete. Tatsächlich sollte mir das Ausmaß dessen, was ich zu sehen bekommen würde, wahrhaftig die Sprache verschlagen.

Die Geschichte der berühmten Kapuzinergruft von Palermo begann im 16. Jahrhundert, als sich einige Franziskanermönche zu einem neuen Orden zusammenschlossen. Die ursprünglichen Ideale des heiligen Franziskus erschienen ihnen verwässert, deshalb beabsichtigten sie, zu den alten Vorsätzen von Volksnähe und selbstauferlegter Armut zurückzukehren. In Anlehnung an die traditionelle Kapuze der Franziskaner bezeichneten sie sich als Kapuziner.

Schnell schlossen sich weitere Idealisten dem neuen Bettelorden an. Im Jahr 1534 errichtete eine Gruppe von ihnen vor den Toren Palermos das erste Kapuzinerkloster auf sizilianischem Boden. Sie ahnten noch nicht, dass der Stadt eine schwere Zeit bevorstand, denn kurz darauf brach eine schreckliche Pestepidemie aus. Die heilige Rosalia, die heute in Palermo als Schutzpatronin gegen die Pest verehrt wird, hatte ihr Eremitendasein am Monte Pellegrino zwar schon lange beendet und ihr frommes Leben ausgehaucht. Doch die rettende Erscheinung der Heiligen, welche die Stadt später von der Geisel der Pest befreien sollte, stand erst noch bevor. Mit einer wundersamen Erlösung war deshalb vorerst nicht zu rechnen.

Die Kapuzinermönche fühlten sich ihren kranken, leidenden Mitmenschen verpflichtet und kümmerten sich aufopferungsvoll um die Bewohner von Palermo. Vierzig von ihnen bezahlten diesen Einsatz mit dem Leben und starben den Pesttod. Um sich der infektiösen Leichen möglichst schnell zu entledigen, ließ der Abt eine Grube ausheben. Die Leichname wurden hineingelegt, danach verschloss man die Grabstätte.

Die Jahre gingen ins Land. Das Kapuzinerkloster genoss einen guten Ruf und hatte entsprechenden Zulauf. Die Zahl der Mönche stieg. Damit stieg aber unweigerlich auch die Zahl derer, die ins Jenseits hinübertraten. Die Kapazität des kleinen Friedhofs war längst erschöpft. Da befahl der Abt, unterhalb des Hochaltars ein weitläufiges Grabgewölbe anlegen zu lassen, um den frommen Brüdern in Zukunft eine nicht nur ausreichende, sondern auch angemessene letzte Ruhestätte bieten zu können. Der erste, dem diese Ehre zuteilwurde, war Fra Silvestro da Gubbio. Es war das Jahr 1599.

Bald darauf erinnerte man sich der vierzig Mönche, die im Dienst an den Kranken zu Opfern der Pestepidemie geworden waren. Es schien mehr als nur angemessen, sie aus der damals eilig aus dem Boden gescharrten Grube zu exhumieren und in die würdevolle neue Begräbnisstätte umzubetten. Doch wie staunten die Ordensleute, als sie die vierzig Leichen beinahe unversehrt zutage beförderten! Sie zeigten fast keine Spuren der Verwesung, und das nach so vielen Jahren unter der Erde!

Eine besondere, ja, womöglich eine göttliche Kraft musste an diesem Ort wirken, die die Körper der braven und verdienstvollen Mönche vor dem Zerfall bewahrte. Deshalb ordnete der Abt an, die Körper all derer, die von nun an versterben sollten, an den Wänden der neuen Gruft aufzustellen. So sollten sie als Memento mori für die Lebenden dienen, eine mahnende Erinnerung an die Vergänglichkeit des eigenen Lebens und die Verpflichtung, die verbleibende Zeit sinnvoll und gottgefällig zu nutzen.

Der natürlichen Mumifizierung in der Kapuzinergruft leisteten die Totengräber ein wenig Unterstützung. Der Leichnam eines gerade Verstorbenen wurde zunächst auf einer Art Rost aus gebrannten Lehmröhren aufgebahrt, den man in eine zum Gang hin offene Grabkammer schob. Auf diese Art wurde der Körper sieben bis acht Monate lang getrocknet. Nach Ablauf dieser Frist entnahm man die Leiche der Gruft und brachte sie zurück an die Oberfläche. Hier legte man sie in die Sonne und ließ sie dort vollständig ausdörren. Dann umwickelte man den Körper mit Stroh und hüllte ihn anschließend in die Kleider, die der Verstorbene zu Lebzeiten getragen hatte. Auf diese Weise fertig präpariert stellte oder legte man den Toten in die ihm zugedachte Nische der Gruft.

Mit den Jahren füllten sich die Katakomben mit toten Ordensleuten. Neidvoll betrachtete die übrige Bevölkerung die vornehme Begräbnisstätte der Kapuziner, und so erhoben sich eines Tages erste Stimmen, die eine Öffnung der Gruft für die Allgemeinheit forderten. Insbesondere die Angehörigen der besseren Schichten wünschten sich, nach ihrem Ableben ebenfalls in den Genuss der Mumienbestattung zu kommen.

So gab der Konvent dem Verlangen schließlich nach und erlaubte ab 1670 auch die Bestattung von Nichtordensbrüdern, zunächst insbesondere von Bürgern, die sich durch Wohltaten gegenüber dem Kloster hervorgetan hatten.

Über zwei Jahrhunderte hinweg ließ sich die bessere Gesellschaft von Palermo nun von den Kapuzinern beisetzen. Das erforderte natürlich die Anlage weiterer Totengänge sowie eine hierarchische Ordnung im Untergrund. Zum ursprünglichen „Gang der Ordensleute" gesellte sich der „Gang der Priester", der den übrigen Kirchenleuten vorbehalten blieb. Im „Gang der Professoren" wurden die gebildeten Herren bestattet, hier stehen die Mumien von Ärzten, Advokaten, Politikern, Lehrern und Offizieren. Alle anderen fanden Platz im „Gang der Männer" oder, damit es nicht zu ungehörigen jenseitigen Verwicklungen kommen konnte, im „Gang der Frauen". Dieser Gang wurde durch einen Bombenangriff im Zweiten Weltkrieg und später noch einmal durch einen verheerenden Brand stark in Mitleidenschaft gezogen.

Im Jahr 1837 verbot die Regierung schließlich die Grablegung in der Kapuzinergruft. Ihre Maßnahme griff allerdings erst vierundvierzig Jahre später, wobei es auch danach hin und wieder Ausnahmen gegeben hat. Noch Ende der Siebzigerjahre des letzten Jahrhunderts waren an die achttausend Leichen im Gewölbekeller der Kapuzinergruft ausgestellt, heute sollen es immerhin noch etwas mehr als zweitausend sein.

Angesichts dieses Ausmaßes hat mich die Totenstimmung in den Katakomben dann doch schwer erschüttert.

Schweigend durchschritt ich die langen Gänge, in denen sich die Toten massenhaft aneinanderreihten, teils stehend, teils liegend, oft gekrümmt und mit bleichen, blanken Schädeln, deren leere Augenhöhlen ausdruckslos ins Nirgendwo starrten. Über manchen Gesichtern spannte sich noch die mumifizierte Haut, Reste von Haaren fielen in die Stirn. Die schwarze Kutte des Fra Silvestro, des ältesten Toten, war mit Staub bedeckt. Wie er dort gerahmt von Schädeln in seiner Nische stand, schien es fast, als öffne er seinen Mund zu einer stummen Ermahnung. Die Arme angespannt beugte er sich vor, als wolle er im nächsten Moment heraustreten, zurück in die Welt, die er doch schon vor mehr als vierhundert Jahren verlassen hatte.

Die Mumien der „Jungfrauen“ waren in farbige Kleider gehüllt, sie trugen Krönchen auf dem Haupt und Palmzweige in den Händen. Denn sie starben, noch bevor sie in den Stand der Ehe eintreten konnten. Die Lebensnähe dieser Symbolik, der Gewänder und der Bezeichnung als „Jungfrauen“ stand in scharfem Kontrast zu den eingefallenen Totenschädeln der bedauernswerten Frauen.

Ganz anders wirkte der amerikanische Vizekonsul. Kein Wunder, denn er starb erst 1911. Ein markanter Schnurrbart wölbte sich über dem Antlitz des 53-jährigen, die geschlossenen Augenlider erweckten den Anschein, als ob er noch nicht allzu lange unter den Toten weilte.

So gibt es denn noch eine Anzahl anderer, deren Leichen deutlich besser erhalten sind als die meisten anderen Mumien in der Kapuzinergruft. Antonio Prestigiacomo ruht in einer Nische, die durch ein Metallnetz geschützt ist, als wolle man ihn damit vom Ausbruch abhalten. Kein Wunder, denn dank eines Arsenbads ist der 1844 Verstorbene außerordentlich gut erhalten. Eine andere Methode wandte man bei Giuseppe Siciliano an, einem Knaben, der nur vierzehnjährig im Jahr 1851 dahinschied. Man versenkte seinen Leichnam in ungelöschtem Kalk, wodurch die Leiche besonders gut konserviert wurde.

Doch keiner der Toten kann es mit Rosalia Lombardo aufnehmen. Eine Woche vor ihrem zweiten Geburtstag raffte die Spanische Grippe das Mädchen im Jahr 1920 dahin. Tief bewegt betrachtete ich ihren kleinen Leichnam, der in einem Sarg mit Glasdeckel aufgebahrt ist. Ihre Haut wirkte frisch und lebendig, braune Locken rollten sich über die kindlich gewölbte Stirn. Über den prallen Pausbacken waren die Augenlider sanft geschlossen, jede Wimper, jedes feine Härchen ihrer Augenbrauen spottete der Tatsache, dass die Lebensglut der Kleinen nun schon seit so vielen Jahrzehnten erloschen sein sollte!

Ein Chemiker habe ihr gleich nach dem Ableben eine geheimnisvolle Flüssigkeit injiziert, so wusste mein Vater. Niemand kenne deren Rezeptur, denn der Mann habe das Rätsel mit sich ins Grab genommen, fügte er mit bedeutungsschwangerer Stimme hinzu.

Das Mysterium um die kleine Rosalia habe ich seit jenem Tag nie vergessen. Nun habe ich mich gefragt, ob man mit den Mitteln moderner Forensik nicht längst dazu imstande sein sollte, das Geheimnis des Chemikers zu lüften?

Beim Nachforschen erfuhr ich, dass sich das inzwischen erledigt hat. 2009 wurde im Nachlass jenes Chemikers ein Schriftstück entdeckt, in dem er die Zutaten seiner Mixtur notiert hat. Er verwendete Glycerin, Formaldehyd, Zinksulfat und Chlorid, um den Liebreiz Rosalias für die Ewigkeit zu bewahren.

Angesichts der friedvollen Schönheit des schlafenden Kindes klingt das allerdings auf geradezu ernüchternde Weise profan.

Latte di Mandorla – Mandelmilch

Zutaten für 4 Personen: *200 g Mandeln, 1 l Milch*
Zubereitung: *1 l Wasser in einem Topf aufkochen, vom Herd nehmen und die Mandeln 5 Minuten lang hineinlegen. Dann abgießen und die Haut abziehen. Anschließend in den Standmixer geben und mixen. Dabei das Gerät immer wieder mal ausschalten und eine Pause machen, damit es nicht überhitzt. So lange weitermixen, bis die Mandelmasse eine cremige Paste geworden ist und das enthaltene Öl auszutreten beginnt. Dann die kalte Milch hinzugeben und noch einmal gut durchmixen. In Gläser füllen und genießen.*

Mandelmilch ist auf Sizilien ein beliebtes Erfrischungsgetränk. Man bekommt sie in jeder Bar. Nach Geschmack kann man statt Milch auch Wasser verwenden. Mit der Mandelpaste (Pasta di mandorla) kann man auch Granita herstellen, Veganer verwenden sie statt Sahne.

Die satanische Lust am Quälen – das Grauen von Agrigent

Im Tal blühen wieder die Mandelbäume. Sie haben ihr zartes weiß-rosa Festgewand angelegt, und schon von weither sieht man ihr Leuchten. „Hier sind wir wieder!“, scheinen sie zu rufen. In der lauen Brise rauschen ihre Blüten und tanzen einen fröhlichen Reigen. Der Frühling ist zurück!

Die Begeisterung greift schnell auf die Menschen über, und obwohl der Winter an der Südküste Siziliens alles andere als rau und kälteklirrend ist, so ist doch das Erwachen des Frühlings auch hier ein Anlass zu besonderer Freude. Deshalb feiern die Menschen nun die „Sagra del Mandorlo in Fiore“, das Mandelblütenfest, und sie tun es inmitten der unzähligen Mandelbäume. Alljährlich im Februar zieht ganz Agrigent hinunter zu den Bäumen ins „Tal der Tempel“ und gibt sich dem Rausch der Mandelblüte hin.

Doch das Tal der Tempel ist überhaupt kein Tal. Es ist ein Hochplateau im Süden der Stadt, die allerdings noch höher liegt und deshalb von ihrer exponierten Position aus darauf hinabschaut. So liegt es denn wie so vieles im Auge des Betrachters: Für die Bewohner von Agrigent befindet sich die alte Akropolis mit ihren Tempeln unten im Tal.

Sie ist eine der bedeutendsten archäologischen Stätten von ganz Sizilien. Es waren auch hier die Griechen mit ihrem unfehlbaren Gespür, die das vier Kilometer im Landesinneren gelegene Kalksteinplateau als Siedlungs-Location für sich entdeckten. An drei Seiten steil abfallend bot es gute Verteidigungsmöglichkeiten. Zudem ist es von zwei Flüssen umschlungen, die sich südlich davon vereinen und gemeinsam zum Meer fließen. Damit eröffnete sich zugleich eine praktische Lösung für das Transportproblem.

Dennoch wurde die Stadt erst relativ spät von Emigranten aus Gela und Rhodos gemeinschaftlich gegründet. Was diese dazu bewegte, ihre Heimat zu verlassen, ist nicht überliefert, doch sie mögen Glücksritter auf der Suche nach Unabhängigkeit, Ansehen und wirtschaftlichem Erfolg gewesen sein. Wie in jenen Tagen üblich, schickten die griechischen Kolonialisten zunächst zwei „Oikistes" nach Delphi, um das Orakel hinsichtlich des optimalen Standortes zu befragen. Die Oikistes kehrten von dort als Stadtgründer wieder nach Sizilien zurück, sie verteilten das Land und legten den Verlauf der künftigen Straßen fest. Sie tauften ihre neue Stadt auf den Namen Akragas. Es war das Jahr 582 v. Chr.

Vielleicht hatten die Gründerväter sich ein friedliches und florierendes neues Handelszentrum erträumt, das hier unter der freundlichen Sonne einer glorreichen Zukunft entgegensehen würde. Doch es sollte anders kommen.

Denn unter den Pionieren war Phalaris, Sohn eines Aristokraten aus Rhodos. Wenn seine Gefährten vielleicht tatsächlich die Gründung einer demokratischen und brüderlichen Gemeinschaft geplant hatten, so trug sich zumindest Phalaris insgeheim mit anderen Absichten. Er strebte nach Macht und Einfluss, und davon konnte er nicht genug bekommen.

Das Glück half ihm, einen bedeutenden Großauftrag an Land zu ziehen. Die neue Stadt sollte zügig hochgezogen werden, und um ihr eine aussichtsreiche Zukunft zu garantieren, reichte es natürlich nicht, lediglich Wohnhäuser für die Bürger aus dem Boden zu stampfen. Weitaus wichtiger waren angemessene Tempel, um die Götter der Siedlung gewogen zu stimmen, und der mit Abstand Allerwichtigste davon war der des Göttervaters Zeus. Sein Tempel sollte dementsprechend auf der höchsten Erhebung entstehen, und den Zuschlag für das Bauprojekt erhielt Phalaris. Für die Umsetzung des bedeutenden Vorhabens stellte die Gründergemeinschaft ihm eine stattliche Geldsumme sowie eine große Anzahl von Arbeitern zur Verfügung.

Schon bald dämmerte den Männern, dass ihnen damit ein schwerer Fehler unterlaufen war. Denn Phalaris hatte nichts Eiligeres zu tun, als das Geld zu veruntreuen und eine Menge Waffen davon anzuschaffen. Diese benutzte er dazu, sein Arbeiterheer zu einer Armee aufzurüsten. Und als die anderen eines Abends nichts ahnend ein Fest feierten, da rückte er mit seiner Streitmacht an und erhob sich handstreichartig zum Herrscher von Akragas. Mit seiner anschließenden Tyrannei kam er sogar dem berüchtigten Dionysios von Syrakus zeitlich zuvor.

Wenn auch Dionysios als Vater aller Tyrannen gilt, so stand Phalaris ihm an Grausamkeit und Machtbesessenheit doch in nichts nach. Ganz im Gegenteil, Phalaris erwies sich als ganz besonders brutaler Finsterling, der vor nichts zurückschreckte, um seine Stellung in Zukunft zu sichern.

Größenwahn und Angst vor Machtverlust haben im Laufe der Menschheitsgeschichte schon so manchen auf dämonische Abwege geführt. Der frischgebackene Tyrann Phalaris tat sein Bestes, um sich in die Reihe dieser Psychopathen einzugliedern. Er befahl Perilaos zu sich, einen äußerst geschickten Erzgießer aus Athen, und beauftragte ihn mit der Anfertigung eines bronzenen Bullen. Dessen Inneres bestand aus einem Hohlraum, in den man mittels einer verschließbaren Öffnung gelangen konnte. Dort ließ Phalaris seine Feinde einsperren, seine politischen Gegner und alle, die er nicht leiden konnte.

Dann befahl er, unter dem Bullen ein Feuer zu entzünden, und der Unglückselige im Bullenleib wurde langsam darüber geröstet. Perilaos hatte ein kompliziertes System von Luftgängen erdacht, wodurch sich die verzweifelten Schreie des Gefolterten in den Klang des Brüllens eines Bullen umwandelten. Dessen Funktion konnte er auch gleich selbst ausprobieren, denn der schreckliche Phalaris ließ den Erzgießer als Probelauf für sein neues Folterinstrument sogleich als erstes Opfer darin braten.

Nun lässt sich sehr gut nachvollziehen, dass es in der Folge niemand mehr wagte, seine Stimme gegen Phalaris zu erheben. Und doch trat eines Tages ein mutiger Mann hervor und tat genau das.

Es war im Jahr 555 v. Chr., als der große Philosoph und Mathematiker Pythagoras zu Besuch in Akragas weilte. Phalaris lud ihn zu einem Empfang ein, und zahlreiche Bürger gesellten sich zu der festlichen Runde. Nun war es an Pythagoras, die Festansprache zu halten. Die angespannte Situation hatte der scharfsinnige Denker natürlich längst wahrgenommen. Da hob er an und sprach von der Furcht der Menschen vor den mächtigen und gefährlichen Tyrannen. Diese jedoch, so fuhr er wagemutig fort, sei gänzlich unbegründet. Dann erzählte er den Anwesenden das Gleichnis von den Tauben, die angsterfüllt vor dem Sperber fliehen. Doch dies, so fuhr er fort, sei völlig unnötig. Denn würden sie sich nur alle zusammenschließen, so wäre es ein Leichtes für sie, den Sperber in die Flucht zu schlagen.

Der geschickt lancierte revolutionäre Gedanke schlug ein wie eine Granate. Denn die lange unterdrückte Wut gegen den Tyrannen brodelte in den Herzen der Bürger. Einer von ihnen fühlte sich von der Rede des Pythagoras so angestachelt, dass er einen Stein ergriff und nach Phalaris warf. Sogleich erhob sich ein Sturm unter den anderen, sie taten es ihm gleich und steinigten den Widerling zu Tode.

Ob diese alten Geschichten sich tatsächlich genauso zugetragen haben, lässt sich nicht mehr sagen. Vielleicht wurden die überlieferten Geschichten auch erst nach dem Tod des Phalaris erfunden oder zumindest ausgeschmückt.

Jedenfalls liegt der Gedanke nahe, dass Phalaris ein sehr unbeliebter Herrscher war.

Der Zeustempel, den Phalaris einst errichten sollte, wurde bisher nicht gefunden. Doch die Tempel und Bauwerke im Tal der Tempel sind auch ohne diesen beeindruckend genug. Umgeben von zahllosen Mandelbäumen ragen hier einige der besterhaltenen Tempel der griechischen Antike empor.

Allen voran besticht der dorische Concordiatempel, der um 430 v. Chr. errichtet wurde. Er konnte die Jahrtausende überdauern, weil man ihn eines Tages in eine christliche Basilika umfunktioniert hat. Dabei wurden jedoch alle vorhandenen Götterstatuen zerstört, sodass man heute nicht mehr weiß, welchem Gott das Bauwerk einst gewidmet war. Ein Archäologe fand ganz in der Nähe eine lateinische Inschrift mit dem Namen „Concordia", was dem Tempel zu seinem Namen verhalf, tatsächlich jedoch nur in rein zufälligem Bezug zu ihm steht.

Der erhaltene Tempel des olympischen Zeus stammt aus der Zeit um 480 v. Chr. Entlang seiner Wände waren acht Meter hohe Giganten aufgereiht, welche die Last des Dachgebälks zu schultern hatten. Sie trugen die Züge der karthagischen Feinde von Akragas, was dem Zeustempel schließlich zum Verhängnis geriet. Denn gute siebzig Jahre nach seiner Erbauung eroberten Truppen aus Karthago die Stadt und schlugen den Tempel angesichts dieser Beleidigung wutentbrannt kurz und klein.

Der Tempel der Dioskuren Kastor und Pollux, die in Akragas verehrt wurden, liegt genauso in Trümmern. Eigentlich weiß man auch hierbei nicht, wem der Tempel ursprünglich geweiht war, und hat den Namen nach Gutdünken gewählt. Ebenfalls völlig willkürlich haben zwei Hobbyarchäologen im 19. Jahrhundert vier markante Säulen aus den Trümmerteilen des Tempels zusammengesetzt. Doch diese Rekonstruktion wirkt so arkadisch, dass sie zum Wahrzeichen der modernen Stadt Agrigent aufstieg.

Sie verdankt ihren Namen den Römern, die 210 v. Chr. die Herrschaft übernahmen und Akragas in „Agrigentum" umbenannten. Erst in byzantinischer Zeit entvölkerte sich die alte Siedlung unter den ständigen Angriffen der Araber. Als diese schließlich die Macht übernahmen, entstand die neue Stadt und blühte zu einem bedeutenden muslimischen Zentrum auf. Das Tal der Tempel erlebte seine Renaissance im 18. Jahrhundert mit dem Aufkommen des Klassizismus. Johann Wolfgang von Goethe machte es dank seiner begeisterten Schilderung in der „Italienischen Reise" zum frühen Sehnsuchtsziel der Deutschen. Heute ist es mit jährlich mehr als 600.000 Besuchern eine der beliebtesten historischen Stätten von ganz Italien.

Kenner besuchen das Tal der Tempel zwischen dem ersten und zweiten Sonntag im Februar. Denn dann stehen die Mandelbäume in voller Blüte, und die Menschen von Agrigent versammeln sich wieder zum „Sagra del Mandorlo in Fiore", dem rauschenden Fest der Mandelblüte.

Angesichts der unschuldigen Schönheit dieser Pracht fällt es schwer, sich das Grauen vorzustellen, durch das dieser malerische Ort einst in Angst und Schrecken versetzt wurde.

Torta di Ricotta – Ricottakuchen

Zutaten für 4 Personen: *450 g Ricotta, 230 g geriebener Pecorino (würzig), 5 Eier, 1 Bund Basilikum, Muskatnuss, Salz, Pfeffer, Olivenöl zum Einfetten der Springform*

Zubereitung: *Die Basilikumblättchen abzupfen und fein hacken. Die Eier in Eiweiß und Eigelb trennen. Die Eigelb mit 400 g Ricotta und 200 g Pecorino in eine Schüssel geben und mit dem Handmixgerät kräftig aufschlagen. Mit Muskatnuss, Salz und Pfeffer würzen, dann das Basilikum unterrühren.*

Eine Springform gut mit Olivenöl einfetten, das Ricotta-Gemisch hineingeben und glattstreichen. Die Eiweiß mit einer guten Prise Salz zu sehr festem Eischnee schlagen und auf dem Ricotta-Gemisch verteilen. Zum Schluss den restlichen Ricotta darüberbröckeln und den restlichen Pecorino darüberstreuen.

Den Backofen auf 180°C vorheizen und den Ricottakuchen ca. 35-40 Minuten lang darin backen, bis die Oberfläche goldbraun geworden ist. 10 Minuten lang in der Form abkühlen lassen, dann herausnehmen und servieren.

Dazu einen grünen oder gemischten Salat und knuspriges Weißbrot reichen.

Dampf und Spaghetti – Wundersame Dinge vom Monte San Calogero

Auf unserer gemeinsamen Reise erzählte mein Vater viel von den Stationen seines Sizilienaufenthalts während des Zweiten Weltkriegs. Bei all dessen fürchterlichen Schrecken war ihm die Zeit seiner dortigen Stationierung als einer der wenigen Lichtblicke in Erinnerung geblieben.

Er hatte am Vormarsch des deutsch-italienischen Fliegergeschwaders gegen britische Kampfflugverbände in Nordafrika teilgenommen. Doch die Briten waren zahlenmäßig weit überlegen, außerdem machte das Wüstenklima den deutschen Piloten schwer zu schaffen. Im Oktober 1942 wurde seine Truppe deshalb aus dem Einsatz in Afrika genommen und nach Sizilien verlegt.

Dort, wo Sizilien der afrikanischen Küste am nächsten ist, lag bei der Hafenstadt Sciacca der berüchtigte „Aeroporto fantasma“, der „Geisterflughafen“. Dieser Flugplatz war von Mussolinis militärischen Chargen ausgesprochen geschickt in den weitläufigen Olivenhainen eines alten Gutes angelegt worden. Seinen Besitzer hatte man gerade erst im Zuge der geplanten Landreformen enteignet. Auf dem flachen Teil des Terrains wurden Start- und Landebahn unauffällig zwischen den alten Bäumen platziert. Die Maschinen fanden Tarnung im Schatten der dicht nebeneinanderliegenden Baumkronen, die Soldaten in den Gebäuden des Gutshofes. Während die anderen Flughäfen der Insel aus der Luft gut zu erkennen und deshalb ständig der Gefahr von Angriffen ausgesetzt waren, blieb die genaue Lage des Aeroporto fantasma bis 1943 ein gut gehütetes Geheimnis. Von hier aus wurden Transportflüge nach Nordafrika gestartet, aber auch Angriffe gegen britische Stellungen in Malta sowie auf Marineschiffe im Mittelmeer geflogen.

Meinem Vater fiel als Funker die Aufgabe zu, eine geeignete Stelle für einen Sendemast in der Nähe des neuen Stützpunktes auszukundschaften. Schließlich durfte ja die Verbindung zur Kommandozentrale daheim im Reich nicht abbrechen.

In der Nähe des Flugplatzes ragte als höchste Erhebung der ganzen Umgebung das Kalksteinmassiv des Monte Kronio immerhin fast vierhundert Meter über den Meeresspiegel empor. Doch dieser Berg war nicht unbewohnt. In unmittelbarer Gipfelnähe lag ein Kloster an den Hängen, und die zugehörige Basilika auf der Bergspitze war dem Heiligen San Calogero geweiht. Fra Sebastiano, ein Mönch mittleren Alters, begrüßte meinen Vater freundlich, als dieser dort ankam, und lud ihn ein, die barocke Klosterkirche anzusehen.

Danach ließen sich die beiden auf den Steinstufen vor dem Kirchenportal nieder. Von dort eröffnete sich ein großartiges Panorama über die blaue Weite des Mittelmeers.

Das Italienisch meines Vaters muss zu dieser Zeit wohl noch recht bruchstückhaft gewesen sein, jedoch war er in einem Internat im sächsischen Grimma in den Genuss einer umfassenden humanistischen Bildung gekommen. Er sprach fließend Latein, und darin stand ihm Fra Sebastiano in nichts nach. Deshalb führten die beiden ihre Unterhaltung in eben jener Sprache.

Und wie sie so auf den Stufen vor der Kirche saßen, begann Fra Sebastiano meinem Vater vom Geheimnis des Monte Kronio zu erzählen, der auch Monte San Calogero genannt wird.

An diesem Berg existiert ein seltsames Phänomen, denn aus Öffnungen im Kalkstein entweicht an seinen Flanken vielerorts dampfend heiße Luft. Die Menschen der Vergangenheit haben sich die Köpfe darüber zerbrochen, was es damit auf sich haben könnte. Dädalus, das sagenumwobene Erfindergenie der alten Griechen, habe zwar mit keiner Erklärung dafür aufwarten können, so berichtete Fra Sebastiano. Die dem Kuriosum innewohnende Kraft habe er aber sehr wohl zu nutzen gewusst, indem er Höhlen anlegen ließ. In diesen fanden Rheumakranke eine wohltuende Linderung ihres Leidens.

Überhaupt sei Dädalus auf der Insel, wo er seine letzten Lebensjahre verbracht habe, recht aktiv gewesen, wusste Fra Sebastiano. Der brillante Tüftler war von Kreta aus nach Sizilien gelangt, und zwar mithilfe der legendären selbstgebauten Schwingen, ein Experiment, welches sein Sohn Ikarus bekanntlich mit dem Leben bezahlte. Der gewagte Flug über das Mittelmeer war nötig geworden, weil

Dädalus es sich mit König Minos von Kreta verscherzt hatte. Doch das, so brach Fra Sebastiano den Exkurs in die griechische Mythologie schmunzelnd ab, führe nun zu weit. Denn eigentlich habe er ja etwas ganz anderes erzählen wollen.

Die heilenden Höhlen des Dädalus gerieten irgendwann wieder in Vergessenheit, bis eines Tages ein Mann namens Calogero in die Gegend kam. Er stammte aus Calcedonia, einer kleinasiatischen Hafenstadt, die sich heute zu einem Stadtteil von Istanbul entwickelt hat. Sein Eifer, die Bewohner Siziliens zum Christentum zu bekehren, verschlug ihn nach zahlreichen Wirrungen sowie unerfreulichen Begegnungen mit Vandalen und fanatischen Anhängern anderer christlicher Glaubensrichtungen schließlich zum Monte Kronio. Hier richtete er sich eine Einsiedelei auf dem Gipfel ein, um endlich Ruhe vor all den Umtrieben zu finden. Dabei entdeckte er die aus dem Berg strömende heiße Luft und grub über einer Austrittsstelle einen Hohlraum aus, gerade groß genug, um einen Menschen aufzunehmen. Hierin ließ sich bequem ein wohliges Warmluftbad genießen.

Es dauerte nicht lange, da kamen Pilger hinauf zu Calogero, um der Verkündung seiner Heilslehre zu lauschen. Manch einen von ihnen plagten nach dem beschwerlichen Aufstieg seine schmerzenden Glieder, doch ein Bad in Calogeros kleiner Wellness-Höhle sorgte alsbald für Besserung. Das sprach sich herum, und alle, die unter rheumatischen Beschwerden litten, kamen von nun an zur Kur hinauf auf den Monte Kronio. Ihre Schmerzen klangen ab, und Ursache dafür konnte wohl nur eine Wundertat des Gottes sein, von dem der fromme Einsiedler zu sprechen pflegte. Dankbar wandten sich die Geheilten seiner neuen Lehre zu, und alle, denen sie davon erzählten, taten es ihnen nach.

Der äußerst erfolgreiche Missionar Calogero erreichte ein stolzes Alter von 95 Jahren, er starb im Juni des Jahres 561 und wurde schließlich heiliggesprochen. Es sollten aber noch fast tausend Jahre vergehen, bis an den Hängen des Monte Kronio ein Kloster zu seinen Ehren entstand. Die zugehörige Basilika San Calogero wurde von den Franziskanermönchen über der heilenden Höhle errichtet und 1655 eingeweiht.

An dieser Stelle grinste Fra Sebastiano und musterte meinen Vater von oben bis unten. Ein so tiefer Exkurs in die Geschichte habe ihn doch sicherlich hungrig gemacht, meinte er dann. Schließlich sei er ja noch ein junger Mann und müsse ordentlich essen. Mein Vater lächelte verlegen und stand auf, um sich zu verabschieden. Denn die Worte des Mönches hatte er als höflichen Hinauswurf interpretiert.

Doch da hatte er die großzügige Gastfreundschaft der Sizilianer weit unterschätzt. Fra Sebastiano legte ihm den Arm um die Schulter und drückte ihn aufmunternd. Wenn das so sei, solle er doch mal mitkommen, forderte er ihn auf und nickte freundlich. Denn im Kloster sei jetzt Zeit für das Mittagessen, eine der zwei täglichen Mahlzeiten, welche die Franziskanerbrüder zu sich nähmen. Diese sei zwar nur bescheiden, aber mein Vater sei trotzdem herzlich dazu eingeladen.

Was nun geschah, hat meinen Vater so tief beeindruckt, dass er diese Geschichte wieder und wieder erzählt hat. Der freundliche Mönch führte ihn ins Refektorium des Klosters, einen schlichten Raum mit weiß gekalkten Wänden, in dessen Mitte ein grob gezimmerter runder Holztisch stand. Um diesen herum versammelten sich nun die Mönche. Zunächst versanken sie in der Stille eines andächtigen Gebets, dann nahmen sie auf ihren Holzschemeln Platz. Sogleich öffnete sich die Tür zur Küche, und heraus trat ein rundlicher Mönch, der einen überdimensionalen Kochtopf herbeischaffte. Die Mönche rückten beiseite, um ihn durchzulassen, woraufhin er den Inhalt des Topfes kurzerhand auf dem blanken Holztisch ausleerte. In dessen Mitte türmte sich ein Riesenberg dampfender Spaghetti auf.

Während mein Vater den Nudelhaufen noch mit heruntergeklapptem Unterkiefer bestaunte, trat auch schon ein zweiter Mönch aus der Küche herbei und leerte einen weiteren Topf über den Nudeln aus. Nun ergoss sich eine nicht minder dampfende Tomatensauce über die Spaghetti, und schon erschien ein dritter Ordensbruder mit einer Reibe und einem großen Stück Pecorino, welches er energisch darüberraspelte. Das Ganze geschah so rasch und so routiniert, dass es meinem Vater glatt die Sprache verschlug. Sonst hätte er sich vielleicht suchend umgesehen und nach Teller und Besteck gefragt. Doch dazu kam er nicht mehr. Denn schon holten die Mönche hölzerne Gabeln aus ihren Kutten hervor, steckten sie in den Nudelhaufen, wickelten mit geschickten Drehbewegungen Spaghetti auf und begannen, diese in ihre Münder zu schaffen. Verunsichert zog mein Vater die Brauen zusammen, da tippte ihn einer der Küchenmönche leicht auf die Schulter und reichte auch ihm eine Holzgabel. Dabei strahlte er und vollzog mit dem Arm eine einladende Geste in Richtung des Nudelbergs.

Mein Vater fackelte nicht lange, sondern schloss sich den eifrigen Nudeldrehern an. Im Handumdrehen – und das im wahrsten Sinne des Wortes – war der Tisch geleert. Sogleich rückten die Mönche ihre Holzschemel ab, ergriffen mit vereinten Kräften den Tisch und legten ihn auf die Seite. Ein paar andere öffneten das große Holzportal des Refektoriums, wodurch der schwere Tisch nun hinaus auf den Hof gerollt wurde. Gleichzeitig eilten andere Mönche zum Brunnen, kehrten mit Wasserkübeln zurück und schütteten deren Inhalt gegen die Tischplatte, während die übrigen diese mit groben Bürsten abscheuerten. Anschließend ließen sie den Tisch noch ein Weilchen in der Sonne trocknen und rollten ihn danach wieder zurück an seinen Platz im Speisesaal.

Es handelte sich um nichts anderes als ein alltägliches Klosterritual, an dem mein Vater hatte teilnehmen dürfen. In den folgenden Wochen sollte er noch öfters in den Genuss der Klosterspaghetti kommen, denn er errichtete seine Funkstation ganz in der Nähe des Konvents. Und zeit seines Lebens sprach er in den allerhöchsten Tönen von Fra Sebastiano und den Tischsitten am Monte San Calogero.

Natürlich haben wir Fra Sebastiano auf unserer Rundreise einen Besuch abgestattet. Er war inzwischen ein alter Mann geworden. Über seinem langen weißen Bart schmunzelte er noch genauso verschmitzt, wie er bei seiner ersten Begegnung mit meinem Vater geschmunzelt haben mochte. Auch ich werde unsere Begegnung nie vergessen, denn er erlaubte es mir, auf der Orgel der Kirche von San Calogero zu spielen. Eine Orgel hatte ich noch nie zuvor gespielt, und meine dürftigen Kenntnisse des Klavierspiels reichten ohne Noten nur zu zwei oder drei Präludien von Bach. Dass die Musik eines protestantischen Musikers in einem katholischen Kloster deplatziert sein könnte, war mir damals nicht bewusst, und sollten die Klänge Fra Sebastiano missfallen haben, so ließ er es sich in seiner Großmut jedenfalls nicht anmerken.

Das geheimnisvolle Innere des Monte Kronio haben Forscher in den vergangenen Jahrzehnten gelegentlich untersucht. Die Ursache für die heißen Luftströme findet sich in der lebhaften vulkanischen Tätigkeit im sizilianischen Untergrund. Das Kalksteinmassiv des Monte Kronio ist von Brüchen und Hohlräumen durchzogen. Im unteren Bereich des Berges wird durch die erhöhten Temperaturen in seinem Inneren die kühle Außenluft angesaugt, diese wird dabei erhitzt, steigt durch Ritze und Höhlen im Fels nach oben und tritt dort durch Öffnungen wieder aus. Der entstehende Sog zieht von unten neue Luft in den Berg hinein und hält die Zirkulation somit ständig in Gang.

Aufgrund der heißen Dämpfe ist das Erkunden dieses Höhlensystems nicht ganz einfach, doch in den Sechzigerjahren wurden in einem tief gelegenen Innenraum tönerne Gefäße und menschliche Skelette entdeckt. Sie lieferten Hinweise darauf, dass die Kammern schon zwischen dem vierten und dem zweiten Jahrtausend vor unserer Zeitrechnung regelmäßig genutzt wurden. Danach gerieten sie bis zur Antike wieder in Vergessenheit. Und heute machen sich die Wellnessanlagen der modernen Thermalbäder von Sciacca die Kraft der wundersamen heißen Luftströme zunutze.

Spaghetti aglio e olio

Zutaten für 4 Personen: *500 g Spaghetti, 1 rote Pfefferschote, 3 Knoblauchzehen, ½ Bd. Blattpetersilie, Olivenöl, Salz, Pfeffer*
Zubereitung: *Spaghetti garen, Knoblauch schälen, Pfefferschote entkernen, Petersilienblättchen abzupfen. Alles fein hacken, unter die Spaghetti heben, salzen, pfeffern und einen Schuss Öl dazugeben – fertig!*

Salz und Sterne – die Salinen von Trapani

Von Trapani bis Marsala erstreckt sich zwischen den Bergen im Landesinneren und dem Meer eine weite, grasige Ebene. Auf den ersten Blick erscheint sie bloß wie eine öde Fläche, die sich nicht entscheiden kann, ob sie Land oder Wasser sein will, denn ihre Wiesen sind immer wieder von kleinen Lagunen durchbrochen. Soweit das Auge reicht, dehnt sich diese Ebene scheinbar träge und eintönig unter der gleißenden Sonne aus, einzig ein paar schmucklose weiße Häuser heben sich hier und da daraus empor. Doch sie sind nur ganz flach und tun es deshalb so zaghaft, als bemühten auch sie sich darum, mit Land und Wasser zu einem unauffälligen Ganzen zu verschmelzen.

Hier, irgendwo im unbestimmten Reich zwischen den Horizonten, habe ich mich in einer kleinen Frühstückspension eingemietet. Maria, meine mit ansteckender Fröhlichkeit gesegnete Wirtin, hat mich zu einem Abendspaziergang eingeladen.

So schlendern wir nun gemeinsam über die staubigen Wege, die sich wie endlose weiße Linien zwischen Wiesen und Wasser hindurchziehen. Die Sonne steht schon tief hinter den Lagunen und taucht sie in ein zartes, pastellfarbenes Blau, während sich der Himmel in der Ferne mit einem rosa Schleier verhüllt, ganz als wolle er die Schönheit des Abends mit einem Festgewand begrüßen.

„Das hier ist ein besonderes Land“, lässt Maria mich wissen und deutet dabei auf die unscheinbaren gelben Blümchen, die zwischen den Gräsern am Wegrand herauslugen. „Diese Blumen sind ein Beweis dafür.“

Verwundert betrachte ich die zarten Köpfchen, um deren dunkle Mitte sich ein blassgelber Kranz von Blütenblättern reiht. Hübsch, aber alles andere als spektakulär. Doch Maria wischt meine Zweifel an der Bedeutung der Pflänzchen mit einer energischen Handbewegung weg. Denn hier handelt es sich um die Meeresstrand-Ringelblume, so klärt sie mich auf. Und diese ist eine wirkliche Rarität.

Die Meeresstrand-Ringelblume existiert ausschließlich in den Salzwiesen der Westküste Siziliens. Sie ist der Region endemisch, wie die Biologen sagen, und weil ihre Heimat in den vergangenen Jahrzehnten starken Veränderungen unterworfen war, ist sie inzwischen vom Aussterben bedroht. Doch die Bewohner der Ebene von Trapani wissen um die Besonderheit dieser Blume, sie ist so etwas wie ein Symbol für das sensible Zusammenspiel zwischen Mensch und Natur in dieser einzigartigen Landschaft.

Maria und ich durchwandern nämlich nicht irgendeine beliebige Küstenebene. Wir befinden uns in den Salzwiesen von Trapani, und während nun bei einsetzender Dämmerung die Salinenbecken in zarten Silbertönen schillern, strahlt nicht weit vor uns eine weiß gestrichene Windmühle auf, beleuchtet vom warmen Licht ihrer

Außenlampen. Ihr spitzes rotes Kegeldach weist hinauf in den milden Abendhimmel, gerahmt von einer Korona aus Mühlenflügeln wie ein blasses Abbild der sinkenden Sonne.

Es ist noch nicht allzu lange her, so erzählt Maria, während wir weiter auf die Mühle zugehen, dass das Salzland von Trapani dem Untergang geweiht schien. Viel zu aufwendig war die mühevolle Gewinnung des Meersalzes angesichts der billigen Massenware, mit der die Regale unserer Supermärkte heutzutage angefüllt sind. Möglich hat das seit dem 19. Jahrhundert der industrielle Abbau von Steinsalz gemacht, und wer heute für wenige Cent ein Pfund Salz erwirbt, der vermag sich kaum vorzustellen, welche Kostbarkeit diese Würze für die Menschen früherer Zeiten dargestellt hat.

Damals bezeichnete man Salz als „weißes Gold“, und wer je sein Essen gänzlich ungesalzen gekostet hat, der kann sich vorstellen, warum es derart hochgeschätzt wurde. Doch nicht nur für Feinschmecker ist es ein unverzichtbares Gut, es war vor allen Dingen auch stets ein wichtiges Konservierungsmittel.

Bereits vor dreitausend Jahren kamen die Phönizier, deren Handelsrouten sich entlang der gesamten südlichen Mittelmeerküsten erstreckten, an die Westküste von Sizilien, um dort Salz zu kaufen. Denn schon vor der griechischen Kolonisation verstanden sich die dortigen Ureinwohner auf die Gewinnung von Salz. Dazu leiteten sie das Meerwasser in flache Becken an der Küste und überließen die restliche Arbeit der Glut der Sommersonne. Das Wasser verdunstete, zurück blieb das heißbegehrte Salz.

Nachfolgende Generationen verfeinerten die Kunst der Salzgewinnung und expandierten ihre Betriebe, indem sie immer neue Salzbecken anlegten. Mit fortschreitender Zivilisation und wachsender Bevölkerung wuchs auch die Nachfrage nach Salz beständig. Trapani stieg im Mittelalter zum wichtigsten Salzlieferanten der italienischen Seerepubliken auf. Selbst bis in den hohen Norden Europas wurde das kostbare Produkt geliefert, wo es zur Konservierung von Fischen Verwendung fand. Der Salzhandel machte Trapani zu einer der wohlhabendsten Städte Siziliens.

Erst im vergangenen Jahrhundert begann der Stern der Salinen von Trapani zu sinken. Schuld daran war zum einen die Konkurrenz durch das deutlich preisgünstigere Steinsalz, zum anderen das Wachstum der Bevölkerung von Trapani, was der steigenden Zahl von Arbeitsplätzen in der boomenden Fischfangflotte geschuldet war. Die neuen Bewohner brauchten Platz, und so mussten die Salzlagunen im Süden der Stadt immer mehr neuen Wohngebieten weichen. Als dann auch noch eine verheerende Flut Mitte der Sechzigerjahre die verbliebenen Becken zerstörte, da gaben die Salzer endgültig auf und legten ihre Salinen still.

Doch es gab Traditionalisten, die sich mit dem Ende der uralten Kunst nicht abfinden wollten. Dazu gehörten auch ihre Eltern, fährt Maria mit ihrer Schilderung fort. Schon seit Generationen hatten ihre Familien von der

Salzgewinnung gelebt, und so gründeten sie gemeinsam mit anderen ehemaligen Salzern eine Interessengemeinschaft, die sich für die Wiederinbetriebnahme der Salinen starkmachte. Ihre Beharrlichkeit führte schließlich zum Ziel: Mit Unterstützung des WWF gelang es, Teile der Region als Naturreservat unter Schutz zu stellen und zumindest dort die Salzgewinnung wiederaufzunehmen.

Unser Spaziergang hat uns inzwischen zu der Windmühle geführt, die am Rand der Salzbecken emporragt. Sie gehört zum „Museo del Sale", dem Salzmuseum, wo Besucher alles Wissenswerte über die Salzgewinnung erfahren. Natürlich hat es seine Pforten angesichts der späten Stunde mittlerweile geschlossen, doch das macht nichts, tröstet mich Maria. Sie weiß Bescheid und kann mir genau erklären, wie man in Trapani Salz herstellt. Mit einer ausladenden Geste weist sie über die Salzbecken bis hinüber zum nahen Meer.

Diese flachen, meist mehr oder weniger rechteckigen Becken sind die sogenannten Salzpfannen. Zunächst wird das Meerwasser in recht große Becken hineingeleitet, die „Fridda". Der Zulauf ist mit Gittern versehen, wodurch vermieden wird, dass Fische und andere Meeresbewohner mit hineingelangen können. Nachdem das Becken vollgelaufen ist, verschließt man den Zulauf durch Schotten. Dann wartet man, bis die Sonne ein Drittel des Wassers verdunstet hat, und pumpt anschließend den Rest mithilfe der Kraft der Windmühlen in ein höhergelegenes zweites

Becken, die „Vasa cultivu". Hier verdunstet nun noch ein weiteres Drittel des Wassers, bevor es zur nächsten Verdunstungsstufe in das dritte Becken, die „Ruffina" geht. Damit ist der Weg der Sole aber noch nicht beendet, denn es wartet noch das Sinterbecken, die „Sintina". Die Salzlösung heißt jetzt „Acqua fatta" – „gemachtes Wasser", und in der „Sintina" verdichtet die Sonnenhitze diese Sole so lange, bis das Salz schließlich auskristallisiert. Nun schaufeln die Salzer es aus dem Becken und häufeln es in langen Reihen an. Sie decken es mit Tonziegeln ab und lassen es darunter einen Winter lang weitertrocknen. Bei guten Wetterbedingungen kann die Salzernte zwischen Ende März und Ende September zwei-, mitunter sogar dreimal erfolgen. Während der übrigen Monate steht die Sonne zu tief, deshalb ruht die Salzproduktion.

Nach der Trocknung wird das Salz zentrifugiert und gereinigt, in Steinmühlen gemahlen und schließlich gesiebt, um es nach Korngrößen zu sortieren und entsprechend zu verpacken. All diese Tätigkeiten erfolgen in Handarbeit, fügt Maria stolz hinzu. Sie selbst ist nämlich daran beteiligt, sie arbeitet für die Sosalt SpA, das Salzherstellungsunternehmen von Trapani. Achthundert Hektar umfassen die Salzbecken von Sosalt, und daraus werden alljährlich hunderttausend Tonnen Meersalz geerntet. Man bekommt es im Einzelhandel, doch auch Käsereien, Fisch- und Fleischräuchereien wissen das Salz aus Trapani zu schätzen. Es enthält nämlich nicht nur natürliche Jodbestandteile, sondern darüber hinaus auch zahlreiche andere Mineralien und Spurenelemente. Diese wirken sich einerseits positiv auf die Gesundheit aus, andererseits verleihen sie dem Salz auch ganz besondere Aromen. Und dieser leise Hauch des Meeres, der kaum zu erahnende Geschmack von Wildheit und Ursprünglichkeit ist es, den Feinschmecker in aller Welt zu schätzen wissen.

Langsam wird es dunkler, während wir zwischen den Salzwiesen hindurch zurückgehen. Hier im Süden währt die berauschende Zeit der Dämmerung nur für eine kurze Weile, viel zu schnell sinkt die Abendsonne hinter den Horizont. Doch noch immer leuchtet der helle Weg weit voraus unter dem dunkelnden Himmel, den jetzt die ersten Sterne in ihren Glitzerzauber tauchen.

Und als unzählige gelbe Blütenköpfchen zwischen dem immer düsterer erscheinenden Grün am Wegrand vorwitzig hervorblitzen, da scheint es für einen kurzen Moment fast so, als wollten auch die Meeresstrand-Ringelblumen aufleuchten und das nächtliche Firmament herab auf die Salzwiesen von Trapani zaubern.

Branzino in crosta di sale – Wolfsbarsch in der Salzkruste

Zutaten für 4 Personen: *1 küchenfertiger Wolfsbarsch, 3 kg grobes Meersalz (natürlich am besten aus Trapani), 1 kg Blattspinat, 1 kg kleine Kartoffeln, 2 Knoblauchzehen, 1 unbehandelte Zitrone, 1 Bd. Blattpetersilie, 1 Bd. Basilikum, 8 Zweige Thymian, 8 Zweige Rosmarin, 3 Eiweiß, Olivenöl, Meersalz, Pfeffer*

Zubereitung: *Den Fisch unter fließendem Wasser innen und außen gründlich spülen. Mit Küchenkrepp trocken tupfen und ringsum sowie innen mit Pfeffer würzen. Die Zitrone waschen und in Scheiben schneiden. Thymian, Blattpetersilie und Basilikum abspülen, trocken schleudern und zusammen mit den Zitronenscheiben im Inneren des Fischs verteilen.*

Das Salz mit den Eiweiß und 80 ml kaltem Wasser gut vermischen. In eine Backform, die etwas größer als der Fisch ist, eine Salzschicht von ca. 1 - 1 ½ cm Höhe füllen, den Fisch hinauflegen und mit dem restlichen Salz abdecken. Er soll ringsum vollständig mit Salz bedeckt sein. Das Salz etwas festdrücken.

Den Backofen auf 180°C vorheizen und dann die Backform auf mittlerer Schiene hineinschieben. 70 Minuten lang backen lassen.

Die Kartoffeln gründlich waschen und dabei abbürsten. Die Rosmarinblättchen abzupfen. In einer Pfanne reichlich Olivenöl erhitzen, Kartoffeln und Rosmarinblättchen hineingeben, salzen, pfeffern und bei mittlerer Hitze ca. 30 Minuten lang goldbraun rösten.

Den Spinat waschen, die Knoblauchzehen schälen und in dünne Scheiben schneiden. Beides zusammen mit etwas Olivenöl aufkochen, salzen, pfeffern und bei milder Hitze 10 Minuten lang ziehen lassen.

Den Fisch aus dem Ofen nehmen, die Salzkruste mit einer Gabel vorsichtig aufklopfen, lösen und abheben. Das Fischfilet von den Gräten heben und mit Blattspinat und Röstkartoffeln servieren.

Ein Panoptikum aus längst vergangenen Tagen – Beachvolleyball auf Sizilien

Ich dachte immer, Beachvolleyball sei eine Erfindung des zwanzigsten Jahrhunderts. Es heißt, dass die Pioniere schon um 1915 am Strand von Hawaii damit anfingen. Ab den Sechzigerjahren war der Sport in ganz USA bekannt, und wir Europäer kennen ihn mindestens seit den Neunzigerjahren, als er zur olympischen Disziplin aufstieg. Besonders spektakulär ist dabei nicht nur die Schlacht um den Ball im aufstiebenden Sand. Interessant wird das Spiel natürlich insbesondere durch die knappe Badebekleidung der Sportler, vornehmlich der Sportlerinnen.

Meist kämpfen sie ja im Bikini um die Punkte, und der geht auf eine Erfindung des Automechanikers Louis Réard zurück. Jedenfalls ließ sich der Franzose den zweiteiligen Mini-Badeanzug im Jahr 1946 patentieren. Es war eine prüde Zeit, und die Damenwelt tat sich etwas schwer mit der spärlichen Bekleidung, doch in den wilden Sechzigerjahren ließen immer mehr junge Frauen ihre Hemmungen fallen. Das war die Zeit des „Itsy Bitsy Teenie Weenie Yellow Polka Dot Bikini“ und der Ursula Andress als aufregendes Bikini-Girl in „James Bond jagt Dr. No“. Louis Réard, der inzwischen als Modeschöpfer eine zweite Karriere hingelegt hatte, wäre ein gemachter Mann gewesen, wenn nicht eine weltweite Flut von Kopien den Markenschutz seiner Kreation ad absurdum geführt hätte.

Seit dieser Zeit ist der Bikini salonfähig, das provokante Spannungsverhältnis zwischen Entblößung und Verhüllung hat die Strandmode revolutioniert. Und inzwischen sogar den Sport, wie man ja am Beachvolleyball erkennt. Eine Errungenschaft unserer modernen Zeit. So dachte ich jedenfalls.

Zumindest bis zu dem Tag, als ich die Villa Romana del Casale in Piazza Armerina zum ersten Mal besuchte. Dieses Gebäude aus spätrömischer Zeit gilt als Musterbeispiel einer antiken Luxusvilla. Die Fußböden fast aller erhaltenen 45 Zimmer sind mit filigranen Mosaiken bedeckt, insgesamt füllen sie die sagenhafte Fläche von 3.500 Quadratmetern. Das ist mehr, als jede andere noch existente Villa aus römischer Zeit zu bieten hat. In Piazza Armerina, einer eher unauffälligen Kleinstadt im Herzen Siziliens, eröffnet sich ein fantastisches Bilderbuch aus der Zeit des alten Rom. Eine Sensation in kleinen Steinchen.

Da gibt es schmucke Jäger, die mit grimmig entschlossenem Gesichtsausdruck erlegte Wildschweine nach Hause tragen, kämpfende Recken und einen Leoparden, der eine Antilope reißt, Bauern, die sich bemühen, ihren Ochsenkarren voranzubugsieren, leichtgeschürzte Putten, die sich auf einem bunten Kahn beim Fischen vergnügen oder halbnackte Paare, die Zärtlichkeiten austauschen. Es ist ein nicht endender bunter Reigen von Reitern, Kriegern, schönen Damen, Sagengestalten, Göttern, Blumen, Fischen, wilden Tieren. Und außerdem sind da zehn ballspielende Sportlerinnen im Bikini. Sofort denke ich an Beachvolleyball. Doch das Bild entstand vor 1.700 Jahren!

Was es mit den Athletinnen im modischen Outfit genau auf sich hat, weiß man nicht wirklich. Die meisten Wissenschaftler halten sich angesichts der Fülle prachtvoller Darstellungen, die es in der Villa Romana del Casale zu bestaunen gibt, vornehm zurück. Das konnte freilich nichts daran ändern, dass die Bikinimädchen mit zu der berühmtesten Darstellung aus der Mosaikvilla avanciert sind. Eines der Mädchen hat einen Palmzweig und einen Siegerkranz erhalten, den es sich gerade auf den Kopf setzen will, ein anderes nimmt die beiden Triumphzeichen soeben von einer barbusigen Schiedsrichterin entgegen, während zwei andere noch mit dem Ballspiel befasst sind. Eine weitere scheint mit einer Art von Hanteln zu trainieren.

Kein Zweifel, wir sind inmitten römischer Leibesertüchtigungen gelandet. Es heißt, dass die Römer ihr Fitnesstraining üblicherweise in der Unterwäsche absolvierten. Die Bekleidung der dargestellten Sportlerinnen scheint also ganz alltäglich gewesen zu sein. Die prüde Sexualethik unserer Gesellschaft hat seit dem letzten Jahrhundert deutliche Lockerungen erfahren, wodurch das Wiederauferstehen des Bikinis ermöglicht wurde. Doch er ist mitnichten eine Erfindung unserer Zeit.

Überhaupt lag die Prüderie den Römern noch völlig fern. Das beweisen die zahlreichen Mosaiken der Villa

Romana del Casale mit ihrer oft üppigen und lustvollen Körperlichkeit.

Die Angehörigen der römischen Oberschicht litten zwar nicht unter Verklemmtheit, doch die Hektik der umtriebigen Städte machte auch ihnen schon zu schaffen. Natürlich besaßen die betuchten Römer ausgedehnte landwirtschaftliche Güter, die sie gelegentlich besuchten. So fanden sie mit der Zeit Gefallen an der Sommerfrische auf dem Lande und ließen sich für ihre dortigen Aufenthalte schicke Residenzen errichten.

Während der Kaiserzeit wurde die Flucht aufs Land allmählich immer beliebter, und manches Sommerhäuschen stieg zum prachtvollen Landpalast auf. Nach neusten architektonischen Erkenntnissen gebaut und mit allerhand technischen Raffinessen ausgestattet, wurden diese Anwesen schließlich zum Hauptwohnsitz ihrer Besitzer. Die Villa Romana del Casale ist ein Paradebeispiel solcher Wohnkultur.

Sie erstreckt sich auf einer Grundfläche von rund anderthalb Hektar, man betritt sie durch einen monumentalen Eingang. Dahinter tut sich ein verwirrendes Gefüge verschiedenster Räume auf. Von einem großen, rechteckigen Kolonnadenhof mit Wasserbecken ausgehend reihen sich Wohntrakte, Repräsentationsräume, Wirtschaftszimmer, Thermen und Latrinen aneinander, ohne dass es eine erkennbare Ordnung oder Strukturierung gäbe. Der verwirrende Eindruck wird dadurch noch verstärkt, dass die einzelnen Räumlichkeiten auf den verschiedensten Ebenen liegen und durch Treppen miteinander verbunden sind, fast wie die magischen Räume von Hogwarts. Das ganze Wohnhaus erscheint wie ein chaotisches Labyrinth, und man fragt sich unwillkürlich, wie die Bewohner sich wohl darin einst zurechtfanden.

Die Architektur des Palastes lässt sich heute meist nur noch erahnen, denn im Laufe der Zeiten wurde er immer wieder geplündert und beschädigt, bis er schließlich im 12. Jahrhundert völlig zerstört und bei anschließenden Überschwemmungen auch noch unter Schlamm begraben wurde. Erst im 19. Jahrhundert hat man ihn wiederentdeckt und ab 1929 nach und nach freigelegt. Die Altertumsforscher staunten nicht schlecht, als dabei die großartigen Mosaiken zutage kamen. Insgesamt bestehen diese aus sagenhaften hundertzwanzig Millionen kleinen Steinchen.

Natürlich fragten sich die Archäologen schon bald, wer wohl der Bauherr dieses antiken Traumhauses gewesen sein mochte. Schnell verdichteten sich die Theorien auf Kaiser Maximian, der bis zum Jahr 305 herrschte, danach abdanken musste und sich für eine Weile in bis dato unbekannte Gefilde zurückzog. Hatte der Ex-Kaiser sich den Prunkbau auf Sizilien errichten lassen?

Den Pionieren der Archäologie erschien es kaum vorstellbar, dass es ein Geringerer als ein Kaiser gewesen sein konnte, der sich ein solches Domizil gegönnt hatte. Tatsächlich ist es aber so, dass der Besitz überaus prachtvoller Landresidenzen bei den Angehörigen des römischen Geldadels an der Tagesordnung war. Deshalb glaubt man heute, dass der Hausherr ein wohlhabender Bürger gewesen ist, vielleicht Lucius Aradius Valerius Proculus Populonius, Gouverneur von Sizilien und späterer Konsul. Als Bauzeit wird das zweite und dritte Jahrzehnt des vierten Jahrhunderts vermutet.

Lucius hatte sich da just hervorgetan, indem er in Rom die Zirkusspiele des Jahres 320 organisierte. Für diese Aufgabe schien er der absolut richtige Mann gewesen zu sein, denn er stellte geradezu fulminante Darbietungen auf die Beine. Seine Spiele waren so legendär, dass man noch viele Jahre später in ganz Rom darüber sprach. Abgesehen davon, dass die Angelegenheit für Lucius vermutlich recht lukrativ gewesen ist – und wenn das nur hieß, dass er nun ein berühmter Mann war, mit dem man gerne Geschäfte machte –, hat ihn seine eigene Leistung vermutlich beflügelt und mit großem Stolz erfüllt.

So sehr, dass er sich nur zu gerne an die vielfältigen Schaustücke, Kampfinszenierungen und Jagddarstellungen, die Tierdressuren, die Akrobatik und die Theateraufführungen seiner römischen Spiele erinnerte. Und so ließ er die Fußböden seiner neuen sizilianischen Prachtvilla mit einem Panoptikum aus Szenen dieser Spiele schmücken, ganz so, wie wir uns heute gerne Fotos besonders denkwürdiger Momente unseres Lebens rahmen und an die Wand hängen.

Das scheint zumindest eine plausible Erklärung für den Bilderbogen der Villa Romana del Casale zu sein. Dass die Böden mit Mosaiken geschmückt wurden, ist genauso wenig verwunderlich wie die Größe des Chalets. Letztere war vermutlich nach zeitgenössischen Maßstäben nicht einmal atemberaubend, denn wir haben ja bereits gehört, dass zum Beispiel in Patti ein noch größeres Landhaus existierte. Die Villa Romana del Casale zeichnet sich gegenüber vergleichbaren Objekten einfach nur dadurch aus, dass ihre Böden weitgehend erhalten blieben, dass sie entdeckt und fachgerecht ausgegraben wurden und dass die UNESCO den gesamten Komplex 1997 zum Weltkulturerbe erklärte.

Besucher durchschreiten die Räumlichkeiten heute auf Laufstegen, zum einen, um die kostbaren Mosaike vor Schäden zu bewahren, zum anderen, um aus der erhöhten Position einen optimalen Winkel zum Betrachten der Darstellungen zu erhalten. Da gibt es eine ganze Menge zu schauen und zu bestaunen.

Doch das größte Aufsehen erregen nach wie vor die Bikinimädchen. Führen sie uns doch recht eindringlich vor Augen, dass die Römer in mancherlei Hinsicht fortschrittlicher waren, als wir das landläufig annehmen. Und dass die Überzeugung von der innovativen Avantgarde unserer eigenen Kultur im Vergleich mit mancher antiken Zivilisation auf recht dünnem Eis balanciert.

Cannoli – cremig gefüllte Teigröllchen

Zutaten für 4 Personen: *150 g Mehl, 2 Eier, 30 ml Marsala, 40 g Butter (zimmerwarm), 100 g Zucker, 250 g Ricotta, 100 ml Sahne, 100 g gemischte kandierte Früchte, 50 g Bitterschokolade, 1 unbehandelte Zitrone, 1 Vanilleschote, Puderzucker, Zimt, Salz, reichlich neutrales Fett zum Frittieren, Mehl für die Arbeitsfläche*

Zubereitung: *Die Butter mit dem Mehl, 20 g Zucker, einem Ei sowie dem Marsala zu einem geschmeidigen Teig verarbeiten, dabei mit Zimt und 1 Prise Salz würzen. Fest in Frischhaltefolie einwickeln und 3 Stunden lang in den Kühlschrank legen. Anschließend auf einer eingemehlten Arbeitsfläche etwa 3 mm dick ausrollen und in Quadrate von ca. 10 cm Kantenlänge schneiden.*

Nun braucht man Cannoli- oder Schaumrollenformen, ersatzweise Metallstäbe, die ca. 15 cm lang sind und einen Durchmesser von ca. 3-4 cm haben. Es gehen auch Holzstäbe, die mit Alufolie umwickelt sind, oder, noch pfiffiger, die ganz mit Alufolie umwickelte innere Papprolle vom Küchenpapier, von Alu- oder Frischhaltefolie.

Jeweils ein Teigquadrat darumwickeln, die überlappenden Enden mit dem zuvor verquirlten zweiten Ei bepinseln und zusammendrücken. Das Frittierfett erhitzen und die Teigröllchen darin schwimmend jeweils goldbraun ausbacken. Auf Küchenkrepp abtropfen und ganz abkühlen lassen, dann die Formen vorsichtig entfernen.

Den Ricotta in einem Sieb gut abtropfen lassen. Schokolade und kandierte Früchte fein hacken. Die äußere gelbe Schale der Zitrone fein abraspeln, dann die Zitrone auspressen. Die Vanilleschote auskratzen und das Mark mit dem Ricotta, der Zitronenschale, der Schokolade, den kandierten Früchten, dem restlichen Zucker sowie 2 El Zitronensaft verrühren. Die Sahne steif schlagen und vorsichtig unterheben, dann die Mischung in die Cannoli füllen. Mit Puderzucker bestäuben und servieren.

Schmelztiegel der Kulturen – die normannisch-arabisch-byzantinische Kunst

Wo wir einmal bei Mosaiken sind – es scheint, dass die Sizilianer dafür ein echtes Faible haben. Man bekommt sogar den Eindruck, als habe es Zeiten gegeben, wo einer den anderen mit Pomp, Glitzer und Glamour zu übertrumpfen versuchte.

Dass es dazu kam, wurzelt in der besonderen Geschichte Siziliens. Denn hier vermischte sich die alte Mosaikkunst der Römer mit den stilistischen Neuerungen, welche die byzantinische Zeit mit sich brachte. Auch die byzantinischen Bauherren legten Wert auf repräsentative Innenraumgestaltung, wobei in dieser Zeit die althergebrachten römischen Muster mehr und mehr durch orientalische Stilelemente ergänzt wurden. Die Christianisierung brachte zudem eine Veränderung der Motive mit sich. Die Priester wollten den Gläubigen, die zumeist Analphabeten waren, die biblische Geschichte mithilfe von Bildern näherbringen, und so kam es, dass idealisierte Christusbildnisse in die Kunst Einzug hielten. Es war die Zeit, in der die Ikonographie entstand, meist in Form von Tafelbildern oder Fresken. Doch auch die Mosaikkünstler wandten sich mehr und mehr den neuen Themen zu.

Dann kamen die Araber und brachten ihren Glauben und ihre eigene Stilrichtung mit nach Sizilien. In dieser frühen Zeit des Islam zeigten die Darstellungen vielfach noch eine Mischung aus den verschiedensten Religionen. Die Ausdehnung des arabischen Reichs binnen kurzer Zeit brachte Kontakte mit den unterschiedlichsten Kulturen mit sich, und der Handel sorgte für einen anhaltenden intensiven Austausch. So entwickelten die Kunsthandwerker eine universelle dekorative Bildersprache, die überall verstanden wurde und zugleich dem Repräsentationsbedürfnis der einflussreichen arabischen Herren Rechnung trug.

Um die Wirkung der Bildnisse zu steigern, ließ man sie immer detailreicher und komplizierter anfertigen. Außerdem schätzten die Araber einen ausgeprägten Farbenreichtum. Um Gäste und Handelspartner zu beeindrucken, übertrafen sich die Hausherren in der Folge gegenseitig mit prachtvollem Interieur. Das Verlangen nach Raumschmuck war in dieser Epoche so stark ausgeprägt, dass die dekorativen Elemente schließlich immer mehr Flächen ausfüllten, bis am Ende jeder Winkel und auch die allerletzte Ecke vollständig mit filigranen Borten und Ornamenten bedeckt waren. Welche Möglichkeit hatte man jetzt, das Ganze noch weiter zu steigern? Um den Prunk der anderen zu übertreffen, blieb schließlich nur die Verarbeitung von Gold, Silber und Edelsteinen, wobei das Gold als Reichtumssymbol schlechthin den klaren Vorzug genoss.

Das war der Stand der Dinge auf Sizilien, als die Normannen die Herrschaft übernahmen. Sie brachten neben dem Christentum zwar durchaus auch ihre eigenen Vorstellungen von Architektur mit in ihr neues Reich, stießen dort aber auf Künstler und Handwerker, die von der byzantinisch-arabischen Tradition geprägt waren. So kam es zu einer Verschmelzung von nordischen und orientalischen, islamischen und christlichen Elementen, die einen einzigartigen Stil hervorbrachte: die normannisch-arabisch-byzantinische Kunst. Sie ist von einer eigenwilligen Architektur geprägt, die Merkmale aller drei Kulturen zu einer wohlkomponierten, einheitlichen Stilrichtung zusammenfließen lässt.

Die wichtigsten Vertreter dieser Kunstrichtung auf Sizilien sind die Cappella Palatina, der Dom sowie einige Paläste in Palermo, die Kathedralen von Cefalù und von Messina sowie als vielleicht herausragendstes Beispiel der Dom von Monreale. Auffällig sind vor allem die überaus prachtvollen Goldmosaiken und die farbenfrohen Darstellungen von biblischen Szenen, Engeln, Heiligen, den Aposteln und natürlich von Christus selbst, dessen übergroßes stilisiertes Porträt zentral in der Apsis über dem Altar angebracht ist. Die Mosaiken bestehen aus farbigem Glas, in der Masse aber aus solchem, das mit Blattgold überzogen ist.

Ganz dem arabischen Anspruch genügend füllen derartige Mosaiken das Innere der in den Dreißigerjahren des 12. Jahrhunderts von Roger II. in Palermo erbauten Cappella Palatina komplett aus. Die korinthischen Säulen, die das Deckengewölbe tragen, erinnern an Siziliens griechische Epoche. Die Decke selbst besteht aus detailreich bemaltem Stuck, der einer Tropfsteinhöhle nachempfunden ist, sowie aus kunstvollem Holzschnitzwerk, das ebenfalls mit feinster Miniaturmalerei verziert ist.

Diese Deckenmalerei zeigt nun jedoch keinesfalls christliche Motive, sondern das überaus irdische Treiben am normannischen Herrscherhof. Der König hat es sich auf einem Kissen bequem gemacht und lässt sich Wein einschenken, während Flötenspieler für ihn musizieren und Tänzerinnen die Kastagnetten schwingen. Wasserspiele sorgen für Erfrischung, und Palmen spenden Schatten über einer Szenerie aus insgesamt rund 750 Schachspielern, Ringern, Elefantenreiterinnen, Löwenbändigern und etlichen anderen Figuren mehr. Eine Inschrift wünscht dem Normannenkönig Gesundheit, Schönheit, geordnete Herrschaft und Sieg.

Doch dieser weltliche Bilderreigen bleibt dem Betrachter am Boden der Kapelle ohne optische Hilfsmittel verborgen. Viel zu filigran sind die komplexen Darstellungen, als dass man sie von unten erkennen könnte. So hat der normannische König es geschickt verstanden, die christliche Kapelle gleichzeitig insgeheim zu einem Tempel der Huldigung seiner selbst zu machen. Offensichtlicher war es da schon, dass Roger seinen Thron gleich unter dem zentralen Christusmosaik aufstellen ließ. Damit ist die Cappella Palatina zugleich ein Zeugnis der wechselvollen sizilianischen Geschichte, eine christliche Kirche und ein repräsentativer Prunkraum des damaligen Herrschers.

Christus als Pantokrator – als Weltenherrscher – steht auch im Mittelpunkt der nicht minder prächtig geschmückten Kathedrale von Cefalù. Im Beinamen des Gottessohnes spiegelt sich der Weg des Glaubens, der noch von der alten griechischen Religion gefärbt ist. Denn „Pantokratis“ ist ursprünglich der Beiname des Göttervaters Zeus gewesen.

Die von Zwillingsglockentürmen flankierte Kathedrale entstand ebenfalls im Auftrag des Normannenkönigs Roger II. Der war nämlich auf der Rückkehr von einer seiner zahlreichen Kreuzzugs- und Handelsunternehmungen mit seiner Flotte in einen argen Sturm geraten. In der Not flehte er Christus um Hilfe an und schwor ihm, im Falle seiner Errettung zum Dank eine Kathedrale erbauen zu lassen. Die Fluten spülten den König an den Strand von Cefalù, und weil er ein ehrenhafter Mann war, ließ er dort sogleich den Grundstein für das neue Gotteshaus legen.

Wirkungsvoll wurde die Kathedrale vor Cefalùs prägnantem Hausberg, dem 270 Meter hohen Kalksteinfelsen Rocca di Cefalù, in Szene gesetzt. Ihr Äußeres zeigt sowohl arabische als auch gotische Stilelemente. Über der Altarnische sollte ursprünglich ein prächtiges Rosettenfenster strahlendes Licht ins Innere der Kirche einfallen lassen. Doch dann bemerkten die Bauherren, dass sie auf das große Christusmosaik in der Apsis zu Gunsten dieser Rosette hätten verzichten müssen. Aber das Christusbild stellte ja gerade den zentralen Dreh- und Angelpunkt des

Innenraums dar. Da ließ man das Fenster kurzerhand wieder zumauern und brachte stattdessen ein Christusmosaik an. Im Innenhof der Kirche entstand ein schöner Kreuzgang, dessen Säulenkapitelle mit Blättern und Ranken, teilweise auch mit figürlichen Darstellungen verziert wurden.

All diese spektakuläre Pracht, mit der Roger II. Sizilien seinen Stempel aufgedrückt hatte, inspirierte seinen Enkel Wilhelm II., der 1166 zum König der Insel wurde. Von ihm heißt es, dass er einen ziemlich verschwenderischen Lebensstil pflegte. Andererseits war er aber auch ein ausgesprochen frommer Mann. Da lag es nahe, dass beide Charaktereigenschaften des Königs zusammenflossen und eine große Idee hervorbrachten: den Bau einer Kathedrale, die alles bisher Gesehene noch übertrumpfen sollte. Ein Meisterwerk, mit dem Wilhelm auf Sizilien seine eigene Signatur hinterlassen würde.

Hoch über Palermo lag mit grandiosem Panoramablick in Monreale ein kleines Kirchlein, und das schien Wilhelm der geeignete Platz für sein Mamutprojekt zu sein. Das Kirchlein wich einer beeindruckenden Kathedrale im normannisch-arabisch-byzantinischen Stil, hundertzwei Meter lang, vierzig Meter breit und fünfunddreißig Meter hoch.

Doch damit nicht genug, der gesamte Innenraum wurde mit Goldmosaiken ausgestattet, die denjenigen von Cefalù und Palermo in nichts nachstanden. Ganz im Gegenteil, hier wurden Größe, Vielfalt und Pracht noch ein bisschen mehr auf die Spitze getrieben.

Und deshalb begnügte man sich auch keinesfalls mit einem einfachen Kreuzgang, sondern stattete diesen mit einhundertvier spitzbogigen Arkaden aus. Sie werden jeweils von Doppelsäulen getragen, von denen manche glatt, andere wiederum mit geschraubten oder gezackten Furchen überzogen oder aber mit Mosaiken verziert sind. Sämtliche Kapitelle wurden mit unterschiedlichen Reliefs versehen, sie zeigen in einzigartiger – fast möchte man sagen, vorbildlicher – Synthese Szenen und Symbole sowohl aus der christlichen als auch aus der islamischen Welt. Weder die verschiedenen Säulen noch die Kapitelle gleichen einander, jedes einzelne Stück ist ein individuell gestaltetes Unikat.

Das alles macht den Dom von Monreale zu einem atemberaubenden Gesamtkunstwerk und einem Paradebeispiel für den hohen Standard der damaligen sizilianischen Kunst. Er entführt den Besucher auf eine Zeitreise in eine Epoche, in der die Kulturen miteinander verschmolzen und mit ihren gebündelten Fähigkeiten gemeinsam fantastische Werke hervorbrachten, deren Herrlichkeit die Menschen noch heute unwiderstehlich in ihren Bann zieht.

Sfincione – sizilianische Pizza

Zutaten für 4 Personen: *300 g Mehl, 100 g Hartweizengrieß, 2 Dosen Polpa di pomodoro (gewürfelte Tomaten), 150 g geriebener junger Pecorino, 6 in Öl eingelegte Sardellenfilets, 4 Zwiebeln, 2 El Zucker, 1 Würfel Hefe, Olivenöl, Oregano, Salz, Pfeffer*

Zubereitung: *Die Hefe mit dem Zucker in eine Tasse geben und so lange mit einer Gabel zerdrücken, bis sie flüssig geworden ist. Das Mehl und den Grieß in eine Schüssel geben, die flüssige Hefe und eine Prise Salz, 50 ml Olivenöl sowie 200 ml lauwarmes Wasser hinzugeben und alles zu einem glatten und geschmeidigen Teig verkneten (eventuell noch etwas Wasser zufügen). 5 Minuten lang kräftig weiterkneten, dann mit einem Geschirrtuch abdecken und 1 Stunde lang an einem warmen Ort gehen lassen.*

In der Zwischenzeit die Zwiebeln schälen und in dünne Ringe schneiden. Mit 200 ml Wasser in einen Topf geben, aufkochen und so lange kochen lassen, bis alles Wasser verdampft ist. Salzen, pfeffern und dann die Polpa di pomodoro sowie etwas Oregano unterrühren.

Erneut aufkochen, dann bei mittlerer Hitze 15 Minuten lang weiterköcheln lassen, dabei immer wieder mal umrühren.

Ein Backblech gut mit Olivenöl einfetten. Den Teig noch einmal durchkneten, dann auf einer eingemehlten Arbeitsfläche nicht zu dünn ausrollen und auf das Backblech legen. Abdecken und noch einmal 30 Minuten lang gehen lassen. Anschließend die Tomaten-Zwiebelmischung darauf verteilen. Die Sardellen gut abtropfen lassen, jeweils halbieren und ebenfalls darauf verteilen. Etwas Olivenöl darüberträufeln und zuletzt mit dem Pecorino bestreuen.

Den Backofen auf 220°C vorheizen und die Pizza auf der zweiten Schiene von unten 15 Minuten lang darin backen.

Drei Beine der Göttlichkeit – Sizilien, Insel der Götter

Lässt man geomorphologische Feinheiten einmal außer Acht, dann kann man durchaus behaupten, dass Sizilien von oben betrachtet im weitesten Sinne die Form eines Dreiecks hat. Ist das vielleicht der Grund dafür, dass die Flagge Siziliens ein dreibeiniges Emblem zeigt? Dieses als „Triskele" bezeichnete, etwas bizarr wirkende Symbol sieht man allerorten, es scheint eine nahezu existenzielle Bedeutung für Sizilien zu haben.

Die sizilianische Triskele besteht aus drei angewinkelten Beinen, die wie die Glieder eines Laufrads um den Mittelpunkt angeordnet sind. Dort im Zentrum prangt ein ährenumrankter Frauenkopf, mal mit grimmig entschlossener Miene, mal freundlich lächelnd, mitunter auch mit leicht gelangweiltem Gesichtsausdruck. Das Ganze wirkt wie ein eigenartiger Kopffüßler, der dazu verdammt ist, auf ewig im Kreis herumzulaufen.

Dieses Wesen heißt „Trinacria", und so lautet auch der altgriechische Name der Insel Sizilien („Drei Kaps"). Mindestens seit der Antike ist das Symbol des Kopffüßlers mit Sizilien verbunden, ein Mosaik in Tindari ist einer der ältesten erhaltenen Beweise dafür. Vermutlich hat es tatsächlich etwas mit den drei Eckpunkten und der Dreiecksform der Insel zu tun, doch die mit der Zahl Drei verbundene Mystik und die Verwendung der dreiteiligen

Symmetrie der Triskele sind noch weitaus älter. Man findet vergleichbare Symbole schon in der Jungsteinzeit, mit die ältesten Zeugnisse sind in Stein gemeißelte Dreifachspiralen. Und diese hat man keinesfalls auf Sizilien entdeckt, sondern in der mehr als fünftausend Jahre alten Megalithanlage Newgrange in Irland. Diese spektakuläre Grabanlage hat einen Durchmesser von neunzig Metern und ist deutlich älter als der Megalithkreis von Stonehenge oder die Pyramiden von Gizeh, aber das nur am Rande.

Das Symbol der Triskele findet sich vor allem in den vorgeschichtlichen Darstellungen aus nordischen Regionen, später übernahmen es die Kelten. Aber auch in Ägypten und in Nordafrika, im Nahen wie im Fernen Osten war die Triskele bekannt. Warum die alten Kulturen dem Kreis mit drei Eckpunkten solche Bedeutung zumaßen, darüber lässt sich nur spekulieren.

Die Zahl Drei scheint für die Menschen seit jeher von magischer Bedeutung zu sein. Schließlich leben wir in einer dreidimensionalen Welt, unser optisches Wahrnehmungssystem basiert auf drei Grundfarben. Die Welt um uns herum teilt sich in Erde, Wasser und Luft. Drei Menschen – Vater, Mutter und Kind – sind die Urform der Familie. Der Lebenszyklus erscheint dreigeteilt in Kindheit, Erwachsenenzeit und Greisenalter, ja, alles Lebendige ist den Abläufen von der Zeit des Wachstums, der Zeit der Fruchtbarkeit und der des Dahinwelkens unterworfen. Wir empfinden uns selbst als Wesen aus Körper, Geist und

Seele. Der Tag teilt sich in Morgendämmerung, in Stunden des Lichts und in Abenddämmerung, der Mond durchläuft drei Phasen. Und die Zeit selbst besteht aus Vergangenheit, Gegenwart und Zukunft. Tatsächlich scheint alles aus drei Teilen zu bestehen: Anfang, Mitte und Ende.

So ist es nicht verwunderlich, dass die Drei schon immer als göttliche Zahl betrachtet wurde. Die alten Griechen kannten die Dreiheit der Götter Zeus, Poseidon und Hades, bei den Ägyptern waren es Isis, Osiris und Horus. Die Hindus verehren den Schöpfer Brahma, den Erhalter Vishnu sowie Shiva, den Zerstörer. Diesen Gottheiten entsprechen die drei Nornen der nordischen Mythologie genauso wie die drei Erscheinungsformen der großen Göttin in heidnischen Kulten. Und die Christen glauben an die Dreifaltigkeit aus Vater, Sohn und heiligem Geist. Drei Könige kamen zum neugeborenen Jesuskind, drei Tage dauerte es bis zur Wiederauferstehung, Jonas war drei Tage lang im Bauch des Wals, und Noah hatte drei Söhne, die zu Stammvätern von Völkern wurden. Der Teufel hat drei goldene Haare, Aschenbrödel drei verzauberte Nüsse, und die gute Fee gewährt drei Wünsche, denn aller guten Dinge sind drei. Wir klopfen dreimal auf Holz und warten ewig und drei Tage, bis wir dann endlich drei Kreuze schlagen können.

Angesichts dieser tief verwurzelten Verehrung für die Zahl Drei ist es nicht verwunderlich, dass sich die Menschen auf der dreieckig geformten Insel Sizilien ein entsprechendes Symbol zu eigen machten. Denn was könnte besser verdeutlichen, dass Sizilien – das alte Trinacria – nichts anderes ist als eine göttliche Insel?

Hier auf Sizilien war es, wo der Sonnengott Helios seine Rinder weiden ließ. So jedenfalls lässt es uns Homer in seiner Odyssee wissen. Nachdem Odysseus und seine Gefährten den schrecklichen Seeungeheuern Skylla und Charybdis entkommen waren, so erzählt der Vater der Dichtkunst, erreichten sie die Sonneninsel Trinacria. Dort wollten sie eigentlich nicht anlanden, denn die Zauberin Kirke hatte die Männer davor gewarnt, in das Reich des Helios einzudringen.

Doch die Gefährten verlangten nach einer Rast, und als sie an Land gegangen waren, da erhob sich ein schwerer Sturm und vereitelte die Weiterfahrt einen ganzen Monat lang. Schließlich hatten sie ihre Vorräte vollständig aufgebraucht, und da erdreisteten sich die Gefährten des Odysseus in ihrer Not, die Rinder des Sonnengottes zu schlachten. Dessen Rache war fürchterlich. Er brachte Göttervater Zeus dazu, die Schiffe der Frevelhaften auf der Weiterfahrt zu versenken, und einzig Odysseus überlebte die Havarie, weil er die Rinder weder getötet noch ihr Fleisch angerührt hatte. So strandete er schließlich alleine auf der Insel Ogygia, man vermutet, dass es sich dabei um Lipari gehandelt hat. Da verbrachte Odysseus sieben lange Jahre in der Obhut der Nymphe Kalypso. Aber das ist eine andere Geschichte.

Da nun Sizilien offensichtlich der Weidegrund für die Tiere des Sonnengottes war, drängt sich die Vermutung auf, dass die dreibeinige Triskele nichts anderes als die Sonne selbst symbolisiert. Und dass folglich die den angewinkelten Beinen innewohnende Dynamik den Lauf der Sonne über das Himmelszelt darstellen soll. Das allerdings bleibt eine Vermutung, Beweise für diese Interpretation der Triskele gibt es nicht.

Das Antlitz inmitten der sizilianischen Triskele trug ursprünglich die Züge der Meduse und war nicht von Ähren, sondern von Schlangen gerahmt. Die Meduse ist ein vielschichtiges Symbol, sie steht für die tödliche Gefahr, die von der dunklen Seite der Weiblichkeit ausgeht. Gleichzeitig symbolisiert sie die weibliche Macht. Die Schlangen übernehmen dabei eine mehrdeutige Funktion, sie stehen für Weisheit, Fruchtbarkeit und Lebenskraft, andererseits aber auch für Unheil, Leid und Tod.

Die Meduse war eine der drei Schwestern, die man „Gorgonen" nennt, und schon wieder begegnet uns die Zahl Drei. Sie steht nämlich auch für die drei Phasen des Lebens einer Frau, nämlich die Zeit vor der ersten Menstruation, die empfängnisbereiten Jahre und die der Menopause. Und darüber hinaus ist der weibliche Monatszyklus ebenfalls drei Phasen unterworfen: der Blutung, der Phase bis zum Eisprung und der anschließenden Phase bis zum erneuten Einsetzen der Menstruation. Die Drei gilt deshalb auch als weibliche Zahl. Man vermutet, dass die

Meduse eine sehr alte Mythengestalt ist, die schon lange vor der griechischen Sagenwelt existierte und auf matriarchalische Kulte zurückzuführen ist.

Wie dem auch sei, die Römer teilten offensichtlich die Begeisterung für die Meduse nicht so sehr und legten auch keinen gesteigerten Wert auf die Meduse als weitere Verkörperung der Dreier-Symbolik. Der bedrohliche Kopf mit dem Schlangenkranz gefiel ihnen nicht, deshalb tauschten sie das Medusenhaupt in der sizilianischen Triskele gegen das Antlitz der lieblichen Ceres, Göttin des Ackerbaus, der Fruchtbarkeit und der Ehe. So wichen auch die sich ringelnden Schlangen und machten Platz für einen Kranz aus Ähren. Übrig blieben die beiden kleinen Flügel neben dem Kopf, sie verweisen noch immer auf die griechische Medusensage. Denn Hermes, der Götterbote, schenkte Perseus geflügelte Schuhe, damit dieser zur Meduse eilen und sie besiegen konnte. Die Meduse weilte nämlich seinerzeit am Ende der Welt, und das ist ja bekanntlich weit weg.

Im Laufe der Jahrhunderte kamen die Angehörigen vieler Völker nach Sizilien und schlossen dort Bekanntschaft mit der Trinacria. Die Normannen brachten das Symbol nach Norden auf die Isle of Man, wo es solchen Anklang fand, dass der Kreis der drei laufenden Beine einen Platz auf der Nationalflagge erhielt. Man findet dreibeinige Triskelen in Skandinavien und in Polen, auf Malta, in Frankreich, Spanien und Mazedonien, auf Rhodos und auf Kreta, sowie, nicht zu vergessen, im Wappen der Stadt Füssen. Doch die Wurzeln dieser speziellen Symbolik sind im Einzelnen vielfach nicht mehr klar erkennbar, denn die Triskele an sich ist ja bereits seit der Vorzeit bekannt.

Mochte die Trinacria auch schon seit der Antike das Symbol Siziliens gewesen sein, so hielt sie erst mit der Sizilianischen Vesper Einzug auf die Nationalflagge. Die Flagge entstand nämlich überhaupt erst während dieses Aufstands, als die Bevölkerung Siziliens sich gegen die französischen Besatzer unter Karl von Anjou erhob.

Die mächtigsten Städte jener Zeit waren Palermo und Corleone, das damalige landwirtschaftliche Zentrum der Insel. In beiden Städten zugleich brach am 30. März 1282 eine Revolte aus und griff rasch auf die ganze Insel über. Die Freiheitskämpfer gaben sich eine einheitliche Flagge: die Trinacria auf diagonal geteiltem Hintergrund in den Farben gelb und rot. Denn Rot war die Farbe der Stadt Palermo, Gelb diejenige von Corleone.

So schrecklich die Sizilianische Vesper auch gewesen sein mag, sie wurde im Volksempfinden zum Sinnbild für den sizilianischen Einheits- und Freiheitswillen sowie für das nationale Selbstbewusstsein.

Die aus ihr hervorgegangene Flagge ist entsprechend zum Identitätsstifter geworden. Im Jahr 2000 erklärte man sie deshalb endlich auch zur offiziellen Flagge von Sizilien. Sie wird Ihnen überall auf der Insel begegnen. Die Trinacria werden Sie zudem auch noch in allen erdenklichen anderen

Formen finden: als Keramik, als Schmuckstück, als Stoffdruck, als Wandbild, als Postkarte oder auch als Kühlschrankmagnet. Sie ist auf Sizilien seit Menschengedenken allgegenwärtig.

Marmellata di cipolla rossa – rote Zwiebelmarmelade

Zutaten: *500 g rote Zwiebeln, 100 g Zucker, 80 g Honig, 50 ml Olivenöl, 200 ml Balsamessig (Aceto balsamico), 3 Lorbeerblätter, Salz, Pfeffer*

Zubereitung: *Die Zwiebeln schälen, halbieren und längs in dünne Scheiben schneiden. Den Zucker in einen Topf geben und bei schwacher Hitze unter Rühren leicht karamellisieren lassen. Dann die Zwiebeln, den Honig und das Olivenöl hinzugeben, aufkochen und mit dem Balsamico ablöschen. Die Lorbeerblätter und 1 El Salz hinzugeben, kräftig pfeffern und alles kurz aufkochen lassen, dann die Hitze reduzieren und das Ganze bei geringer Hitze 40 Minuten lang köcheln lassen. Dabei immer wieder umrühren. Am Ende soll fast die ganze Flüssigkeit verdampft sein.*

Die Zwiebelmarmelade in Gläser mit Schraubverschluss abfüllen, die Gläser sofort nach dem Verschließen auf den Kopf stellen und 10 Minuten lang so stehenlassen. Dann abkühlen lassen und im Kühlschrank aufbewahren.

Die Zwiebelmarmelade passt gut zu kurzgebratenem oder gegrilltem Fleisch, aber auch zu würzigem Käse schmeckt sie hervorragend.

Tage des Grauens – Erdbeben im Val di Noto

Es ist ein sonniger Tag im Januar. Der Himmel erstrahlt in leuchtendem Blau über dem winterlichen Land, und das Meer erstreckt sich ruhig und friedlich bis zum fernen Horizont. Der schneebedeckte Gipfel des Ätna überragt die Szenerie so mächtig und weiß, dass all diese gleißende Helligkeit fast schon blendend wirkt. Die Winterluft ist mild und freundlich, der Frühling scheint schon gleich um die Ecke zu warten. Ein berauschender Hauch von Glückseligkeit und Lebensfreude durchwirkt die Atmosphäre über dieser Landschaft, die Val di Noto genannt wird, und zaubert ein Lächeln in die Gesichter der Menschen.

Doch die heitere Stimmung ist trügerisch. Jäh schlägt das Schicksal zu, und was einen so friedvollen Anfang nahm, läutet die schlimmsten Tage ein, die man im Val di Noto je erlebt hat.

Hier, an einem der geotektonisch unruhigsten Orte von ganz Europa, beginnt am Abend des 9. Januar 1693 unvermittelt die Erde zu wackeln. Die wenigen kraftvollen Stöße lassen etliche Gebäude einstürzen. Es ist bereits dunkel geworden, und so bricht schnell das Chaos aus. Denn unter den Trümmern sind Menschen verschüttet worden, verzweifelte Schreie schallen durch die Ortschaften. Verletzte irren blutüberströmt durch die Gassen, andere Bewohner suchen nach ihren Angehörigen. Helfer bemühen sich, Steine beiseitezuräumen, um die darunter Begrabenen zu befreien. Es ist eine Nacht des Grauens.

Heute schätzt man, dass die Stöße in den am stärksten betroffenen Gebieten zwischen den Küstenstädten Augusta und Catania sowie dem Städtchen Palazzolo Acreide im Landesinneren eine Stärke von sechs bis sieben auf der Richterskala hatten.

Die Zerstörungskraft eines solchen Bebens ist schlimm genug, doch für die geplagten Menschen im Val di Noto soll es noch ärger kommen. Es ist, als sei im Untergrund eine fürchterliche Bestie erwacht, ein Untier wie aus mythologischen Zeiten. Und so schnell soll sich das Monstrum nicht wieder beruhigen.

Denn gerade, als die Menschen sich vom schlimmsten Schock erholt haben, als sie die Schäden gesichtet, die Verwundeten versorgt und die Toten geborgen haben, da geht es aufs Neue los. Und dieses Mal wird es noch viel schrecklicher werden.

Das Hauptbeben vom 11. Januar dauert vier entsetzlich lange Minuten. Mit einem geschätzten Wert von acht auf der Richterskala erreichen die Erdstöße eine totale Zerstörungskraft.

Das Epizentrum dieses grauenvollen Bebens befindet sich unter dem Ionischen Meer. Als wenn die Katastrophe nicht schon verheerend genug gewesen wäre, bildet sich nun auch noch ein Tsunami, der die gesamte Ostküste Siziliens verwüstet. In Augusta erreicht die Flutwelle eine

Höhe von acht Metern, im zwischen Catania und Taormina gelegenen Mascali dringt die Wasserflut bis anderthalb Kilometer ins Landesinnere vor.

Vereinzelte Nachbeben dieser epochalen Heimsuchung dauern bis zum August des darauffolgenden Jahres. Am Ende haben rund sechzigtausend Menschen den Tod gefunden. Der gesamte Südosten Siziliens ist verwüstet, im Val di Noto steht kein Stein mehr auf dem anderen.

Dieses Val di Noto ist einer der drei Regierungsbezirke, in die Sizilien während der Zeit der arabischen Herrschaft unterteilt war. Der Name leitet sich keinesfalls vom italienischen Wort „valle“ für „Tal“ ab, sondern von der Bezeichnung „vallo“ für einen solchen Verwaltungsdistrikt. Auf Sizilien gab es das Val di Mazara, das aus dem westlichen Teil der Insel bestand, das Val Demone im Nordosten Siziliens und das Val di Noto, das sich von Ragusa über Syrakus bis hinauf nach Catania erstreckte.

Die Tage der großen Katastrophe veränderten das Val die Noto von Grund auf. Sizilien unterstand in jener Zeit der Krone von Aragonien und wurde vom spanischen König regiert. Unverzüglich beorderte dieser ein Kommando ab, um den betroffenen Regionen zu helfen. Insbesondere stellten die Spanier in der Folge ein Organisationskomitee zusammen, das mit dem Wiederaufbau der zerstörten Städte beauftragt wurde. Doch zunächst ließen sie die militärischen Stützpunkte in Syrakus, Augusta,

Catania und Acireale wiedererrichten, waren diese doch von herausragender strategischer Bedeutung.

Erst als das vollbracht war, begannen die Bauherren, sich mit den Städten auseinanderzusetzen. Für jede einzelne Stadt entwickelten sie ein eigenes Konzept. Je nach der örtlichen Situation planten sie den Wiederaufbau getreu dem alten Straßennetz an ursprünglicher Stelle. In anderen Fällen konzipierten sie neue urbane Strukturen mit einem völlig veränderten Stadtplan oder verlegten gleich die ganze Stadt an einen günstigeren Platz. So erhielt Catania einen veränderten Straßenverlauf, Syrakus behielt seinen ursprünglichen Aufbau, Ragusa hingegen wurde mit dem Ortsteil Ibla auf den mittelalterlichen Grundmauern wiedererrichtet, bekam aber zusätzlich mit Ragusa Superiore noch ein vollständig neues Viertel. Die Ortschaften Avola und Noto verlagerten die spanischen Stadtplaner komplett an einen gänzlich anderen Standort.

Doch allen Städten gemein war, dass sie vollständig neu aufgebaut werden mussten. Und weil dies in einer Zeitspanne von rund zehn Jahren überall zeitgleich geschah, kam bei allen derselbe Baustil zur Anwendung. Die spanischen Herren brachten das Barock nach Sizilien, und während der Bauarbeiten kristallisierte sich seine spezielle Variante in Form des Sizilianischen Barock heraus. So kommt es, dass sich im Südosten von Sizilien ein Ensemble einheitlicher Barockstädte aneinanderreiht wie Perlen an einer Kette: von Catania über Caltagirone, Modica, Noto,

Palazzolo Acreide und Ragusa bis hin zu Scicli. Sie sind ein solch herausragendes Beispiel für die Blüte des Barock, dass die UNESCO die Städte des Val di Noto 2002 zum Weltkulturerbe erhoben hat. Schauen wir uns nun die Besonderheiten einiger dieser Städte einmal kurz an.

Caltagirone ist aus einer arabischen Siedlung hervorgegangen. Es liegt im Landesinneren, wo es schon immer schwieriger war, mit dem Reichtum der florierenden Küstenstädte mitzuhalten. Doch die Bewohner von Caltagirone hatten im ausgehenden Mittelalter eine zündende Idee: Sie spezialisierten sich auf die Töpferkunst. Schon bald gab es hunderte von Töpferwerkstätten in Caltagirone, und noch heute gilt es als die Keramikhauptstadt der Insel. Es liegt auf bergigem Terrain, und als eines Tages sein im Tal gelegener Teil mit dem Viertel oben auf dem Bergrücken durch eine Straße verbunden werden sollte, da stellten die Bauarbeiter bald fest, dass dies beileibe nicht so einfach war, wie sie es sich vorgestellt hatten. Das Gelände erwies sich als viel zu steil für eine Straße. So bauten sie stattdessen eine Treppe, die Scala di Santa Maria del Monte mit insgesamt 142 Stufen. Die Fronten all dieser Stufen wurden 1954 mit handgefertigten Keramikkacheln verkleidet, deren Bilderreigen von der Geschichte der Keramikherstellung in Caltagirone erzählen.

Modica beeindruckt mit einem der schönsten barocken Stadtbilder Siziliens. Es geht auf eine Gründung durch die Sikeler zurück, jene Ureinwohner, die Sizilien bewohnten, als die ersten griechischen Kolonialisten eintrafen. Spezialität der Stadt ist Schokolade, die „Cioccolato di Modica“. Ihre Besonderheit ist es, dass sie nicht durch Schmelzung hergestellt, also conchiert wird, sondern kalt, wobei dieser Begriff relativ ist. Denn die Chocolatiers von Modica erhitzen ihren Kakao immerhin auch auf vierzig Grad, bevor er mit Zucker und je nach Rezept mit verschiedenen Gewürzen wie Chili, Vanille oder Zimt aromatisiert wird. Allerdings bewirkt das Verfahren, dass sich die Zuckerkristalle nicht ganz auflösen, die Schokolade hat deshalb eine körnige Konsistenz. Weil ihr keine weiteren Zutaten zugesetzt werden, also weder Milch noch Lezithin, Butter oder andere Fette, zeichnet sie sich durch ein ganz besonders intensives Kakao-Aroma aus.

Auch die kleine Stadt Noto existiert schon seit der Zeit der Sikeler, zumindest die etwa sechs Kilometer vom heutigen Noto entfernt gelegene ursprüngliche Siedlung. Noto beeindruckt besonders durch die Zahl seiner Kirchen: Es sind ganze dreiunddreißig. Sie fügen sich in das barocke Stadtbild ein, dem ein rechtwinkliger Straßenplan zugrunde liegt. Dem hellen Kalktuff, der als Baumaterial verwendet wurde, verdankt die Stadt ihr lichtes und freundliches Erscheinungsbild.

Damit steht sie im scharfen Kontrast zu Catania, das den Beinamen „die schwarze Stadt“ trägt. Catania wurde nämlich aus dunklem Lavagestein vom Ätna wiederaufgebaut. Als pulsierende Hafenstadt mit 650.000 Einwohnern hat Catania sein Stadtbild seit barocker Zeit im Gegensatz zu den kleineren Orten des Val di Noto natürlich erheblich verändert. Es ist das wichtigste wirtschaftliche Zentrum der Insel und deshalb eine lebhafte Metropole. Doch seine Altstadt ist noch immer eine wohlerhaltene Insel des Sizilianischen Barock.

Der ursprüngliche Teil von Ragusa ist durch eine tiefe Schlucht von dem neuen Stadtteil getrennt, der nach dem Erdbeben entstand. Die meisten barocken Paläste liegen in der Unterstadt Ibla, das neu angelegte Ragusa Superiore ist dagegen durch die nüchterne Geometrie seines Stadtplans geprägt.

Bleibt noch Scicli, das allen Krimifans durch die Verfilmungen der Commissario-Montalbano-Romane von Andrea Camilleri bekannt ist. Dabei dient nämlich das barocke Rathaus von Scicli als Kulisse für den Dienstsitz des Kommissars. Die erfolgreichen Romane Camilleris zeichnen sich dadurch aus, dass der Autor den sizilianischen Dialekt einsetzt, eine Sprache, die von allen auf der Insel aufgewachsenen Sizilianern beherrscht wird. Sie hat ihrerseits ein paar in Nuancen variierende Dialekte hervorgebracht. Vom Italienischen unterscheidet sich das Sizilianische insofern, als es durch zahlreiche Facetten geprägt ist, die von Siziliens bewegter Geschichte zeugen. So enthält es griechische, arabische, französische sowie kastilische Elemente und kennt wie das Hocharabische nur die Vokale „a“, „i“ und „u“. Das „e“ mutiert zum „i“, das „o“ wird zum „u". Vokale am Wortanfang entfallen oft ganz, sodass manche Wörter mit schier unaussprechlich erscheinenden Doppelkonsonanten beginnen: „ngrisi" statt „inglese" (Engländer), „mmàggini" statt „immagine" (Bild), „mpurtanti" statt „importante" (wichtig), „ntrissanti" statt „interessante" (interessant).

Camilleris Einsatz für die Erhaltung dieser Sprache wurde mit dem „Belpasso" geehrt, einem seit 1987 existierenden Literaturpreis für Autoren, die sich um die sizilianische Sprache verdient machen. In der deutschen Übersetzung werden manche Ausdrücke beibehalten und eigens erklärt, so dass ein bisschen Lokalkolorit erhalten bleibt. Denn dieser macht einen Gutteil des Charmes der Geschichten um den launischen Commissario aus.

Panelle - Kichererbsenfladen

Zutaten für 4 Personen: *400 g Kichererbsenmehl, 1 kl. Bd. Blattpetersilie, 2 Zitronen, Olivenöl, Salz, Pfeffer*

Zubereitung: *Die Zitronen auspressen. Die Petersilienblättchen abzupfen und fein hacken. Das Kichererbsenmehl in einem Topf mit ca. 1-1,2 l kaltem Wasser verrühren, bis eine glatte, feste Masse entstanden ist. Nun salzen, pfeffern und unter ständigem Rühren 30 Minuten lang bei schwacher Temperatur erhitzen. Dann vom Herd nehmen und die Petersilie unterrühren. Die Masse auf einem großen Brett oder einer Arbeitsfläche etwa 3 mm dick auswalzen, ganz abkühlen lassen und dann in Quadrate von ca. 10 cm Seitenlänge schneiden. Reichlich Olivenöl in einem Topf erhitzen und die Panelle darin goldbraun ausbacken. Vor dem Servieren mit etwas Zitronensaft beträufeln.*

Göttliche Verwicklungen – ein ziemlich verrückter Exkurs in die Mythologie

Es scheint, dass Sizilien ein auserwählter Ort des Gottes Poseidon gewesen ist. Wir haben ja bereits davon gehört, dass seine Zyklopen-Söhne hier lebten. Und nicht nur diese, noch ein weiterer Sprössling des Poseidon fristete sein Dasein auf der Insel: Eryx, Poseidons gemeinsames Kind mit der Liebesgöttin Aphrodite.

Um der Wahrheit die Ehre zu geben: Es ist nicht ganz verbrieft, ob Eryx tatsächlich aus der Liebschaft Aphrodites mit dem Meeresgott hervorgegangen ist. Als Vater kommt auch ein gewisser Butes infrage, seinerseits einer der Argonauten.

Diese sagenhaften Seereisenden waren eines schönen Tages während ihrer Suche nach dem Goldenen Vlies auf dem Mittelmeer unterwegs und gerieten dabei in die Fänge der Sirenen, die sie mit ihren Gesängen betören und verderben wollten. Doch Orpheus, dem legendären Meistersänger der Griechen, gelang es dank einer noch stimmgewaltigeren Darbietung, die gefährlichen Sangeskünstlerinnen zu übertönen. So entkamen die Argonauten dem drohenden Unheil in letzter Minute.

Alle, bis auf Butes. Denn dem gefiel der Gesang der Sirenen weitaus besser als der des Orpheus, und so sprang er kurz entschlossen über Bord, um bei den Sirenen bleiben zu können. Das war ein dummer Fehler, denn der Gute konnte nicht schwimmen und wäre um ein Haar ertrunken. Wenn nicht gerade noch rechtzeitig die holde Aphrodite erschienen wäre und den gutaussehenden Mann aus den Fluten gezogen hätte. Sodann brachte sie ihn ans rettende Ufer, und zwar bei Lilybaion, dem antiken Marsala.

In jenen fernen Tagen herrschte hier noch nicht allzu viel Betrieb, und so kam es in der lauschigen Bucht zu einer kurzen Liaison zwischen dem Argonauten und seiner schönen Retterin. Man weiß nicht so genau, was sie dem Poseidon später erzählt hat. Auch dieser ist ja lediglich eine flüchtige Liebschaft für Aphrodite gewesen, denn verheiratet war sie mit Hephaistos, dem Feuergott, der bekanntlich auf dem Ätna mit dem Schmieden von Blitzen beschäftig war. Hephaistos soll ausgesprochen unansehnlich gewesen sein, da mag man es der attraktiven Göttin vielleicht nachsehen, dass sie sich hin und wieder mit hübscheren Männern vergnügte. Es konnte jedenfalls offensichtlich nie so recht geklärt werden, wer nun der Vater des kleinen Eryx war, dem sie bald darauf das Leben schenkte.

Den potenziellen Vätern mag das auch gleichgültig gewesen sein, denn Poseidon hatte als Meeresgott wahrhaftig andere Sorgen. Der Ex-Argonaut Butes hingegen stieg zum König des Volkes der Elymer auf. Diese besiedelten Sizilien in vorgriechischer Zeit zusammen mit den Stämmen der Sikeler und Sikaner, wobei die Elymer im Westen der Insel lebten, dort, wo Aphrodite ihren Geliebten an

Land gebracht hatte. Die Elymer stammten wiederum von Trojanern ab, die unter der Führung des Aeneas aus ihrer besiegten Heimatstadt geflohen waren

Der Trojanische Krieg gilt als eines der jüngeren Ereignisse der griechischen Mythologie. Natürlich weiß kein Mensch, wann genau er sich zugetragen hat, die Spuren führen jedoch ins zwölfte oder dreizehnte vorchristliche Jahrhundert. Die Begegnung zwischen Aphrodite und Butes kann sich also erst danach zugetragen haben.

Es heißt, dass Aeneas und die Trojaner auf ihrer Flucht vor den Griechen in einer Bucht zu Füßen eines hohen Berges auf Sizilien anlandeten. Anchises, der Vater des Aeneas, war unter diesen Leuten, und was die Geschichte nun noch etwas verwickelter macht: Auch Anchises hatte einst eine Liebschaft mit Aphrodite gehabt. Aus dieser Beziehung war der Knabe Aeneas hervorgegangen. Seiner Mutter zu Ehren errichtete Aeneas nun auf jenem sizilianischen Berg einen Tempel, und als kurz darauf sein Vater Anchises das Zeitliche segnete, da wurde er zu Füßen des Berges mit dem Tempel seiner ehemaligen Geliebten bestattet. Aeneas zog anschließend weiter, denn ihm stand noch eine andere große Aufgabe bevor: Er sollte zum Stammvater der Brüder Romulus und Remus werden. Das ist nun wiederum ebenfalls ein bisschen umstritten, denn auch der Kriegsgott Mars kommt möglicherweise als deren Erzeuger infrage.

Zieht man aber in Betracht, dass manche Quellen Aeneas sogar zum leiblichen Vater der Knaben Romulus und Remus erklären, so kommt unsere Geschichte angesichts der Datierung des Trojanischen Krieges und der Gründung der Stadt Rom ein wenig ins Schleudern. Denn Rom schlüpfte ja bekanntlich im Jahr 753 v. Chr. aus dem Ei, und zwar dank Romulus und Remus. Zumindest die Römer selbst hielten ihre Abstammung von Aeneas in direkter Linie durchaus für wahrscheinlich. Während ihrer Herrschaft über Sizilien betrachteten sie die Elymer im Westen der Insel jedenfalls stets als nahe Verwandte, die bevorzugte Behandlung verdienten.

Wie dem auch sei, als Aeneas Sizilien auf der Weiterreise seinerzeit wieder verließ, blieben einige der Trojaner auf der Insel zurück. Sie waren des Herumziehens müde und entschlossen sich deshalb, Sizilien als ihre neue Heimat auszuwählen. Aus ihnen entstand das Volk der Elymer.

Irgendwann erschien dann der gestrandete Argonaut Butes und erhob sich zum König über diese Leute. Aphrodites Filius Eryx, den auch Butes wohl als seinen Sohn betrachtete, wurde später zu seinem Nachfolger. Als solcher gründete er eine Stadt auf eben jenem Berg, wo sein Halbbruder Aeneas zuvor der gemeinsamen Mutter ein Heiligtum erbaut hatte. Seine neue Siedlung benannte er kurzerhand nach sich selbst: Eryx. Die Stadt blühte schnell auf und entwickelte sich neben Segesta und Entella zu einer der Metropolen des Volks der Elymer.

Wenn Sie nun denken, diese Geschichte sei reichlich kompliziert und verwickelt, so kann ich Sie leider nicht beruhigen. Denn es kommt noch verwirrender.

Zunächst muss ich von Geryon erzählen, einem schrecklichen Gesellen von entsetzlicher Missgestalt, der im heutigen Südfrankreich lebte. Er besaß ganze drei Oberkörper, die an der Hüfte zusammengewachsen waren. Mit seinen sechs Armen kämpfte er wie ein Berserker, ein wirklich übler Gegner. Ihn zu überwinden war ein Auftrag für Herakles, der uns unter seinem römischen Namen Herkules vielleicht besser bekannt ist. Der fürchterliche Geryon besaß eine Viehherde mit ausgesprochen schönen roten Stieren, und diese zu rauben gehörte zu den berühmten zwölf Aufgaben, die der König Eurystheus dem Herakles gestellt hatte. Eigentlich waren es ursprünglich nur zehn Aufgaben, aber der gestrenge Eurystheus erkannte zwei davon nicht als erfüllt an und forderte von Herakles deshalb noch die Erledigung von zwei weiteren Aufgaben, aber das zu erläutern, führt jetzt wirklich zu weit. Eine der beiden Zusatzaufgaben lautete jedenfalls auf den Raub der Rinderherde des Geryon.

Herakles besiegte auftragsgemäß den Geryon und nahm die eroberten Rinder mit, um sie ihrem neuen Besitzer zu überbringen. Sie gehörten ja nunmehr Eurystheus, und der lebte in Mykene, einer Stadt auf dem griechischen Peloponnes. Unterwegs büxte jedoch leider eine zur Herde gehörende Kuh aus, und das geschah gerade im Westen Siziliens, dem Land, über das jetzt Eryx herrschte. Auf Sizilien muss es damals wohl ansehnliche Weidegründe gegeben haben, denn bekanntlich grasten hier ja auch die Rinder des Sonnengottes Helios. Die entflohene Kuh schien jedenfalls von der Insel recht angetan zu sein.

Natürlich begab sich Herakles gleich auf die Suche nach dem verlorengegangenen Tier, doch Eryx kam ihm zuvor. Und weil Eryx die Kuh so ausgesprochen schön fand, nahm er sie mit nach Hause. Herakles war äußerst wütend angesichts des Diebstahls der wertvollen Kuh und forderte Eryx deshalb zum Duell. Die beiden traten zum Ringkampf an, wobei der kampferprobte Herakles den hoffnungslos unterlegenen Eryx schon bald erwürgte.

Die Geschichte wird nun leider noch konfuser, denn Herakles war gerade erst kurz vor seiner Reise zu Geryon, dem dreileibigen Rinderzüchter, in Troja gewesen, wo er schmählich hintergangen worden war. Aus Rache tötete er den König von Troja und dessen ganze Familie bis auf die Tochter Hesione und den Sohn Priamos. Dieser sollte aber zum letzten König von Troja werden. Er starb am Ende des Trojanischen Krieges, der bekanntlich zehn Jahre lang dauerte.

Und spätestens jetzt sind wir völlig verwirrt, weil an der gesamten Geschichte zeitlich etwas ganz und gar nicht zusammenpasst. Die Muse der Mythologie hat sich wohl einmal um sich selbst gedreht und dabei in den Wirren der zahllosen Ereignisse verstrickt.

Doch dann wiederum ist Herakles als Sohn des Zeus göttlicher Abstammung gewesen. Dank seiner Heldentaten wurde er später sogar selbst zum Gott erklärt und stieg in den Olymp auf. Und weil die Götter bekanntlich unsterblich sind, passt die Geschichte dann doch wieder irgendwie zusammen.

Nun haben wir einen ganz schön komplexen Exkurs in die griechische und römische Mythologie unternommen, dabei wollte ich Ihnen doch eigentlich nur von Erice vorschwärmen. Denn dieses malerische Bergnest ist nichts anderes als das antike Eryx, die alte Stadt der Elymer, die Aphrodites Sohn Eryx einst gegründet hatte. Der Hafen von Eryx ist das heutige Marsala. Erst seit 1934 trägt Eryx den Namen Erice.

Erice liegt wie ein Adlerhorst in rund 750 Metern Höhe auf dem gleichnamigen Berg über dem Meer. Man erreicht es über sehr kurvenreiche Straßen, alternativ mit einer Seilbahn von Trapani aus.

Der alte Tempel der Aphrodite wurde in römischer Zeit zum Venustempel. Die Normannen wiederum ließen ihn im 12. Jahrhundert zu einem Kastell umbauen. Die Stadtmauer der verwinkelten Ortschaft existiert seit punischer Zeit. Dahinter tut sich eine vollständig erhaltene mittelalterliche Kulisse auf. Betritt man sie, so ist es, als ob man in eine gänzlich andere Zeit versetzt würde.

Doch was mir wirklich den Atem verschlägt, ist der Ausblick über die tief untenliegende Küste, über Trapani,

Marsala und die Ägadischen Inseln, über die Salinen, die Bergrücken im Landesinneren und die Weite des Meeres, die am Horizont mit dem flirrenden Blau des Himmels verschmilzt. Dort, wo in der Ferne die Sirenen singen mögen, wo Poseidon seinen von fischschwänzigen Pferden gezogenen Streitwagen durch die Wogen jagt und wo die schaumgeborene Aphrodite dem Meer entsteigt.

Bei diesem Anblick fühle ich mich wahrhaftig den Göttern nahe.

Sospiri – Plätzchen aus Erice

Zutaten: *400 g Mandeln, 300 g Zucker, ca. 20 kandierte Kirschen, 2 Eiweiß, 1 unbehandelte Zitrone, 1 Vanilleschote, 2 El Rosenwasser, 1 Tl Honig, Puderzucker*

Zubereitung: *1 ½ l Wasser in einem Topf zum Kochen bringen. Dann vom Herd nehmen, die Mandeln hineingeben und 5 Minuten lang darin ziehen lassen. Danach durch ein Sieb abgießen und die Mandeln aus ihren Häutchen lösen.*

Die gehäuteten Mandeln zusammen mit der Hälfte des Zuckers in den Standmixer geben und ganz fein zermahlen. Dann in eine Rührschüssel umfüllen und den restlichen Zucker sowie das Rosenwasser hinzugeben. Die Vanilleschote aufschneiden, auskratzen und das Mark ebenfalls hinzugeben.

Nun mit dem Handrührgerät (Knethaken verwenden) so lange weiterverarbeiten, bis die Masse zusammenzuhalten beginnt. Im Anschluss die Masse auf eine Arbeitsfläche geben und kräftig durchkneten. So lange weiterkneten, bis die Masse eine homogene Konsistenz hat. Sollte sie zu sehr kleben, ein wenig Puderzucker mit einarbeiten.

Am Ende zu einer Kugel formen und fest in Frischhaltefolie einwickeln. Über Nacht in den Kühlschrank legen.
Am nächsten Tag die Zitrone waschen und den äußeren gelben Schalenanteil fein abreiben. Anschließend die Zitrone auspressen.
Die Mandelmasse (die nun nichts anderes als Marzipan ist) wieder in die Rührschüssel geben. Den Zitronenschalenabrieb, 2 El Zitronensaft, den Honig und die Eiweiß hinzugeben und mit dem Knethaken des Handrührgeräts vermischen. Nach 5 Minuten den Teig auf die Arbeitsplatte geben und mit den Händen kräftig durchkneten. Sollte der Teig zu sehr kleben, wie gehabt etwas Puderzucker untermischen. Anschließend zu etwas mehr als kirschgroßen Kugeln formen, mit jeweils 3 cm Abstand auf ein mit Backpapier ausgelegtes Backblech legen und leicht flach drücken.
Die kandierten Kirschen vierteln und auf jedes Marzipankügelchen jeweils ein Viertel oben aufsetzen. Den Backofen auf 160°C vorheizen, dann das Blech etwa 20 Minuten lang hineinstellen. Die Sospiri sollen nicht braun werden.
Herausnehmen und auf dem Blech kurz abkühlen lassen, dann mit ein wenig Puderzucker bestäuben. Erst vom Blech nehmen, wenn die Sospiri ganz abgekühlt sind, denn sie zerbrechen sonst leicht.

Das traditionsreiche Rezept der Sospiri („Seufzer") stammt von Klosterschwestern aus Erice. Im Originalrezept werden keine kandierten Kirschen verwendet, man verzehrt die Sospiri nur mit Puderzucker. Wer mag, kann statt der Kirschen auch Walnüsse, Pistazien oder Pinienkerne verwenden, dem Teig ganz nach Geschmack noch etwas Zimt oder Anis beimengen oder aber statt der Zitrone eine Orange verwenden. Man sollte aber auf jeden Fall ganze Mandeln verwenden und frisch mahlen. Fertig gekauftes Mandelmehl ist für dieses Rezept zu trocken.

Auf der Suche nach Ruhe – Das Naturreservat Lo Zingaro

Geht es Ihnen auch so wie mir? Nach all diesen komplizierten mythologischen Verwicklungen sehne ich mich nach einer Ruhepause. Am liebsten an einem friedlichen Ort, mit weitem Blick aufs Meer und fernab von allen menschlichen Umtrieben.

Zum Beispiel an Siziliens herrlicher Nordküste. Vom schönen Strand bei Patti habe ich Ihnen bereits erzählt, aber ich erwähnte auch den Wermutstropfen: die Autobahn. Sie zieht sich an der gesamten Nordküste der Insel entlang, teilweise mit nur sehr geringem Abstand zum Meer. Der Grund liegt auf der Hand, ist das Landesinnere doch eine einzige raue Gebirgslandschaft. Hier wäre nur eine Berg- und Talbahn mit dramatischen Brücken und endlosen Tunneln denkbar gewesen, deren Bau jedoch viel zu teuer geworden wäre. Deshalb verlegte man die Strecke direkt an die Nordküste, was wiederum ebenfalls kein ganz leichtes Spiel war. Denn diese Küste ist felsig, ohne eine Vielzahl von Tunneln und Brücken ließ sich die Trasse auch hier nicht entlangführen.

Als die Autobahn Messina – Palermo in den Siebzigerjahren des letzten Jahrhunderts gebaut wurde, da rechnete noch niemand mit dem Verkehrsaufkommen unserer heutigen Zeit, geschweige denn mit einer dadurch bedingten möglichen Lärmbelästigung zukünftiger Strandurlauber. Touristen galten auf Sizilien damals noch mehr oder weniger als Exoten.

Ich erinnere mich daran, wie ich mit meinen Eltern bei meinem ersten Sizilienbesuch im Jahr 1979 ein Stück auf dieser Autobahn entlanggefahren bin: Wir waren tatsächlich die einzigen weit und breit. Mein Vater, der am Steuer saß, hat dann unsere Ausfahrt verpasst. Da hat er kurz entschlossen gedreht und ist auf dem Seitenstreifen zurückgefahren. Können Sie sich so etwas heutzutage vorstellen? Mein Vater wäre nicht nur seinen Führerschein für alle Zeiten los, vermutlich würde man ihn auch für unzurechnungsfähig erklären.

Damals war die Autobahn allerdings erst in Teilabschnitten befahrbar. Das zerklüftete Terrain und vielleicht auch gewisse andere Unwägbarkeiten dehnten die Bauzeit auf mehr als dreißig Jahre aus. Erst Ende Dezember 2004 eröffnete Silvio Berlusconi feierlich die nunmehr durchgehend befahrbare Strecke zwischen Messina und Palermo, und das galt zunächst auch nur für eine Fahrtrichtung. Bis der Rest fertiggestellt war, verging noch ein weiteres halbes Jahr.

Von Palermo aus führt die Autobahn weiter in Richtung Trapani. Die Planung des entsprechenden Teilstücks stand ebenfalls in den Siebzigerjahren an. Das Terrain erlaubte keine andere Wahl als die weitere Streckenführung entlang der Nordküste, zumal sich hier westlich von

Palermo auch der Flughafen befindet. Und der brauchte ja eine Anbindung an die Stadt.

Von dort aus sollte es dann aber auf dem kürzest möglichen Weg weiter nach Trapani gehen. So ermittelten die Ingenieure die günstigste Strecke zwischen Castellammare del Golfo und Trapani. Hier durchzog eine Talsenke die Landschaft, wie geschaffen für den Autobahnbau. Praktischerweise sollte dann auch gleich die Fischergemeinde San Vito Lo Capo an der Spitze der im Nordwesten vorgelagerten Halbinsel durch eine Küstenstraße mit der neuen Autobahn verbunden werden.

Doch da hatten die Straßenplaner die Liebe der Sizilianer zu ihrer Heimat unterschätzt. Im Mai 1980 erhob sich ein Proteststurm ungeheuren Ausmaßes. Denn zwischen Castellammare del Golfo und San Vito Lo Capo erstreckt sich einer der schönsten Küstenabschnitte der ganzen Insel. Es ist eine karstige Landschaft, an deren Küste schroffe Kalksteinfelsen bizarre Formationen bilden. Dazwischen liegen immer wieder verschwiegene kleine Sandstrandbuchten von paradiesischer Schönheit. Das Terrain ist oft unwegsam und bietet ungestörte Lebensräume für rund vierzig verschiedene Vogelarten. Hier leben Bussarde, Geier und Falken, außerdem eines der letzten zehn Habichtsadlerpaare Siziliens. Ab und an wurden sogar Steinadler gesichtet. Es gibt Raben, Eulen, Stieglitze, Waldkauze und Nachtigallen. Zu all diesen Vögeln gesellen sich noch acht verschiedene Arten von Fledermäusen.

Am Boden tummeln sich neben Fuchs und Has' auch Wiesel, Igel und Stachelschweine, Siebenschläfer, diverse Schlangen, Geckos und Eidechsen. Wilde Bienen und farbenprächtige Schmetterlinge umschwirren die Blüten auf den Kräuterwiesen. Hier wachsen Orchideen, Ysop, Iris, Rittersporn und Lavendel, dazu Lorbeer, Zwergpalmen und Riesenfenchel, wilde Oliven, Johannisbrot- und Mandelbäume, um nur ein paar der Naturschätze dieses Gebietes zu nennen.

Ein so einzigartiges Refugium des Wildlebens wollten die Sizilianer nicht von einer Straße durchschnitten sehen. So kam es zu Massenprotesten, dreitausend Demonstranten besetzten das Terrain, das für den Straßenverlauf vorgesehen war. Und das Wunder geschah: Die Regierung lenkte ein und erklärte das Gebiet 1981 zum Naturschutzgebiet. Es wurde das erste seiner Art auf ganz Sizilien, und es trägt den wohlklingenden Namen „Riserva naturale orientata dello Zingaro".

Wenn man „Lo Zingaro" heutzutage betreten möchte, muss man einen geringen Betrag entrichten. Von diesem Geld werden die verschlungenen Wanderpfade instandgehalten, außerdem kommt es dem Schutz der einmaligen Landschaft zugute. Für alle, die mehr wissen möchten, wurden ein paar kleine Natur-, Umwelt- und Landeskundemuseen eingerichtet. Eines davon ist das Manna-Museum, in dem die Besucher über die Nutzung der hiesigen Manna-Esche informiert werden. Ihren Saft zapfte man zu früheren Zeiten ab und nutzte ihn als Süßungsmittel. Die zuckrige Lösung wird auch als „Manna" bezeichnet.

Mitten im Naturschutzgebiet liegt in der luftigen Höhe von zwanzig Metern die „Grotta dell' Uzzo" im Fels. Hier entdeckte man Keramikscherben und Knochenreste, die Zeugnis davon geben, dass diese Höhle schon von steinzeitlichen Ziegenhirten als Unterschlupf genutzt wurde.

So finde auch ich an der zerklüfteten Küste von Lo Zingaro ein verborgenes Plätzchen, wo ich in aller Ruhe den Stimmen der unberührten Natur lauschen kann. Kein Auto, keine dreirädrige Ape, keine knatternde Vespa wird die Stille jäh durchschneiden und mich aus meiner friedlichen Meditation aufschrecken.

Und während ich dort verweile und aufs Meer hinausschaue, ach, warum kommt mir nur gleich wieder Odysseus in den Sinn?

POLLO BRASATO - SCHMORHUHN

Zutaten für 4 Personen: *1 zerteilte Poularde, 8 Knoblauchzehen, 2 rote Zwiebeln, Salbei, Rosmarin, Thymian, 1 ½ l trockener Weißwein, 1 unbehandelte Zitrone, Olivenöl, Pfeffer, Salz*
Zubereitung: *Knoblauch und Zwiebeln schälen und klein schneiden, die Zitrone in Scheiben schneiden. Zusammen mit dem Fleisch, den anderen Zutaten und etwas Olivenöl in eine große Pfanne geben, salzen, pfeffern, aufkochen und bei mittlerer Hitze köcheln, bis der Wein verdampft und das Fleisch leicht gebräunt ist.*
Dazu gibt's Brot und Salat.

Noblesse oblige – das Flair von Taormina

Hatte ich gesagt, dass Touristen in den Siebzigerjahren auf Sizilien noch exotische Erscheinungen waren? Das mag stimmen, aber beileibe nicht für jeden Ort der Insel. Es gab nämlich Ausnahmen, die schon lange vor dem Boom des Massentourismus hochgeschätzte Reiseziele gewesen sind. Aber natürlich nur für elitäre Kreise, die sich das auch leisten konnten.

Die Schickeria vergangener Tage hat ihre Spuren hinterlassen. Das spüre ich mit jedem Schritt, während ich eines Morgens über den noblen Corso Umberto in der hoch über dem Meer gelegenen Altstadt von Taormina flaniere. Edle Boutiquen und elegante Cafés reihen sich hier aneinander. Doch auch den Bedürfnissen der normalsterblichen Besucher, die heutzutage weit in der Überzahl sind, wird natürlich Rechnung getragen. Das beweisen die Souvenirshops, in denen man sich mit quietschbunten Erinnerungen eindecken kann. Wo man dann vielleicht auch eine der obligatorischen Postkarten mit Taorminas Standardmotiv erwirbt, damit die Lieben daheim ebenfalls in den Genuss dieses Anblicks kommen. Ein Anblick, den sie bestimmt schon hunderte von Malen gesehen haben: über das antike Theater und die Bucht von Giardini Naxos bis hin zum Ätna in der Ferne, dessen Gipfel idealerweise schneebedeckt sein sollte. Besonders gut macht es sich, wenn dem Riesen eine Rauchsäule entsteigt, damit ein jeder weiß, mit wem er es hier zu tun hat.

Das antike Theater von Taormina heißt Teatro Greco, was aber falsch ist, denn es handelt sich um ein Theater aus römischer Zeit. Die Römer haben damit im zweiten vorchristlichen Jahrhundert ein älteres Theater aus griechischer Zeit überbaut, sie vergrößerten die ursprüngliche Schauspielbühne und transformierten sie in eine Aufführungsstätte für blutige Gladiatorenkämpfe. In der Bühnenfassade klafft ein zehn Meter breites Loch, durch das der fantastische Hintergrund perfekt als grandiose Kulisse inszeniert wird. Man erreicht das Theater über eine Seitenstraße, die vom Corso Umberto abzweigt. Aber heute steht mir der Sinn nach einem kleinen Stadtbummel.

Jetzt in den frühen Vormittagsstunden haben die Läden und Restaurants noch geschlossen, Rollladen verdecken ihre großen Fensterfronten. So erhascht man keinen Blick auf den quirligen Betrieb im Inneren, der später hier herrschen wird. Deshalb lenkt jetzt auch nichts von dem maroden Charme ab, den der fleckige Putz und die blätternde Farbe verbreiten, die kreuz und quer über die Fassaden gespannten Stromleitungen, die Strahler der Abendbeleuchtung, die in ausgeschaltetem Zustand nüchtern und trostlos wirken. Doch ein Stück weiter vorne hat ein Souvenirgeschäft bereits geöffnet, Ständer mit bunten Klamotten, mit Postkarten, Schlüsselanhängern, Hüten, Tüchern und dergleichen quellen aus der geöffneten Ladentür.

Noch ist nicht viel los auf dieser schmalen Straße, die sich zwischen den antiken Stadttoren Porta Messina und Porta Catania erstreckt. Doch in Kürze wird sich das ändern, denn der Corso Umberto ist eine geschäftige Flaniermeile. Es scheint, dass kein Reisender, der nach Taormina kommt, sich den Bummel durch die berühmte Gasse entgehen lassen will. Und so herrscht schon bald ein einziges Gewusel zwischen den alten Palazzi, den Kirchen und der hundert Meter langen Blendfassade, die sich auf dem letzten Stück bis zur Porta Messina erstreckt. Man erklärte sich dieses merkwürdige Bauwerk lange Zeit als sogenannte Naumachie, ein Mauerwerk, das die Römer errichteten, um es erst zu fluten und dann darin Seeschlachten nachstellen zu können. Mit der vermeintlichen Naumachie am Corso Umberto haben sie aber vermutlich bloß einen Steilhang abgestützt.

Erst gegen Mittag wird es wieder etwas ruhiger in der Gasse. Die meisten Läden haben jetzt geschlossen, ihre Besitzer halten Siesta und erholen sich vom Ansturm des Vormittags. Die Touristen kehren derweil in einem der zahllosen Restaurants ein, die am Corso und in seinen Seitengassen mit idyllischen Plätzen unter Weinreben und zwischen Töpfen mit Oleanderbüschen und Zitronenbäumen um die Hungrigen konkurrieren.

Auf halber Strecke erreiche ich die Piazza IX. Aprile, von deren mehr als zweihundert Meter über dem Meer gelegener Terrasse sich ein großartiges Panorama über

Siziliens Ostküste auftut. Blühende Orangenbäume und ein kleines Kirchlein rahmen den wirklich überwältigenden Ausblick, der sich später am Abend in eine magische Wunderwelt verwandeln wird. Denn dann erstrahlen Myriaden von Lichtern entlang der weiten Küste, am Firmament und auf dem nachtschwarzen Meer, wo sich die Reflexion des Mondes schillernd in der Ferne verliert.

Hier an der Piazza liegt auch das „Caffè Wunderbar" und lockt mit seinem Namen nicht nur deutsche Touristen an. Schließlich ist „wunderbar" ja eines der wenigen deutschen Wörter, das so gut wie jedermann versteht. Bei dessen Klang man unwillkürlich sehnsuchtsvoll die Augen schließt, in der Hoffnung, ein Stückchen vom Elysium zu finden. Und so konnten wohl auch die vielen Stars und Sternchen, die schon im Caffè Wunderbar eingekehrt sind, dem Versprechen nicht widerstehen, das in diesem Namen mitschwingt. Sie haben das Café berühmt gemacht, und dem tragen die Preise der angebotenen Speisen und Getränke durchaus Rechnung.

Überhaupt ist der Corso Umberto ein teures Pflaster. Das ist dem Nachhall der illustren Gesellschaft geschuldet, die einst hier wandelte. Wunderbar, so mag es wohl auch Johann Wolfgang von Goethe über die Lippen gekommen sein, als er 1787 nach Taormina kam. Damals gab es noch keine Seilbahn, durch welche die Altstadt heute mit dem Ortsteil Mazzarò unten an der Küste verbunden ist. So musste Goethe, der sich in Begleitung des Malers Christoph

Heinrich Kniep befand, die Höhe erst mühsam erklimmen. Während sein Reisegefährte sich sogleich dem Skizzieren des prächtigen Panoramas widmete, nahm Goethe im antiken Theater Platz und gab sich gänzlich dessen magischer Aura hin.

„Italien ohne Sizilien macht gar kein Bild in der Seele: Hier ist erst der Schlüssel zu allem“, seufzte der Dichterfürst und notierte diese Zeilen in seinem Werk „Italienische Reise“. Hier verarbeitete er seine Eindrücke von Sizilien literarisch. Er schildert seine Faszination angesichts des nie ganz fertiggestellten Tempels von Segesta, der – zumindest damals, als es noch keine Reisebusse gab – so einsam am Ende eines weiten, blühenden Tales lag, dass es Goethe ganz traurig stimmte. Die exotische Pflanzenwelt berauschte ihn in Palermo, der herrliche Frühling tat es in Agrigent, der Ätna weckte die Begeisterung des Wissenschaftlers, der auch in Goethe steckte. Doch Taormina? Hier müsse man gestehen, dass nie ein Theaterpublikum solche Gegenstände vor sich gehabt habe, schrieb er in seinem Buch und meinte damit das bereits oben gepriesene Panorama.

Seine Leser saugten diese Worte auf, und in manch einem gedieh der Wunsch, auf des Dichters Spuren zu wandeln. Schon im 19. Jahrhundert kamen immer mehr Besucher nach Taormina. Unter ihnen war auch der seinerzeit populäre Landschaftsmaler Otto Geleng. Er war von Taormina so hingerissen, dass er dortblieb und fortan den

Kunstmarkt mit Gemälden der berühmten Aussicht flutete. Keine Werbekampagne hätte effektiver sein können. Taormina avancierte zum absolut angesagten Reiseziel.

Oscar Wilde, Thomas Mann, Richard Strauß und H. D. Lawrence kamen nach Taormina und ließen das Städtchen im Lichte ihres Glanzes noch ein bisschen mehr erstrahlen. Auch Wilhelm von Gloeden erlag dem einzigartigen Charme des Ortes und ging nie wieder fort. Von Gloeden war ein Pionier der Aktfotografie, er setzte die hübschen Knaben Taorminas vor arkadischen Kulissen in Szene. Lorbeerbekränzt räkeln sich diese Jünglinge mal mit, mal ohne Lendenschurz in eleganten Posen und scheinen soeben einer wiedererweckten Antike entstiegen zu sein. Dabei verstand von Gloeden es geschickt, die Spuren der harten Arbeit zu kaschieren, von denen die Körper der Bauernburschen gezeichnet waren. Als erster Fotograf setzte er dazu eine Körperschminke ein, die er aus Olivenöl, Milch und Glyzerin zusammenrührte. Ungeschminkt war indes die Begeisterung, die seine Fotos hervorriefen, und sie führte in Taormina zu einem gewaltigen Besucherstrom, der nie mehr abreißen sollte.

Kaiser Wilhelm II. kam nach Taormina, und anlässlich des Besuches von Kaiserin Sissi wurde eigens die noch heute genutzte Jugendstilbahnhofshalle errichtet. Die noble Attraktivität von Taormina wehte fort bis ins zwanzigste Jahrhundert und lockte Filmstars wie Marlene Dietrich, Greta Garbo, Cary Grant und Elizabeth Taylor herbei.

Wer es sich leisten kann, der steigt im Grandhotel San Domenico Palace ab, einem ehemaligen Dominikanerkloster aus dem 15. Jahrhundert. Es zählt zu Italiens luxuriösesten Häusern und liegt nur ein kleines Stück unterhalb des Corso Umberto, sodass die noblen Gäste es nicht allzu weit zu ihrem Bummel haben.

Doch angesichts der Masse des normalen Volks, das diese Straße heute in Beschlag nimmt, werden sie sich das vielleicht noch einmal überlegen. Bis spät in die Nacht hinein herrscht hier Trubel. Da wird herumspaziert und geplaudert, während die Kinder auf der Piazza herumtoben. Die Terrassen der Cafés und Restaurants sind voller Menschen, die diese einmalige Atmosphäre in wohliger Zufriedenheit auf sich wirken lassen. Und wer möchte dabei schon vom selbstgefälligen Auftritt eines Prominenten gestört werden?

Caponata – ein sizilianisches Gemüsegericht

Zutaten für vier Personen: *3 Auberginen, 500 g Tomaten, 2 rote Paprika, 1 Fenchelknolle, 100 g entsteinte grüne Oliven, 2 Stangen Staudensellerie, 1 Zwiebel, 1 El Kapern, 40 ml Essig, 50 g Zucker, Olivenöl, Pfeffer, Salz*

Zubereitung: *Die Auberginen waschen und in kleine Würfel schneiden. In einer Pfanne einen guten Schuss Olivenöl erhitzen und die Auberginen darin goldbraun braten, dabei salzen und pfeffern. Auf Küchenkrepp abtropfen lassen.*

Die Paprika waschen, entkernen und in dünne Streifen schneiden. Die Fenchelknolle vierteln und den Strunk herausschneiden, dann den Fenchel ebenfalls in dünne Streifen schneiden. Mit etwas Olivenöl Paprika und Fenchel zusammen in der Pfanne rösten, bis das Gemüse weich ist. Salzen, pfeffern und beiseitestellen.
Nun die Zwiebel schälen und fein würfeln, die Tomaten waschen und in Stückchen schneiden. In der Pfanne zunächst die Zwiebel glasig anbraten, dann die Tomaten hinzugeben, salzen, pfeffern und 15 Minuten lang bei milder Hitze köcheln lassen.
Aus der Pfanne nehmen und nun den Zucker hineingeben und karamellisieren lassen. Dann mit dem Essig ablöschen, aufkochen und Oliven und Kapern hinzugeben. Den Staudensellerie in Scheiben schneiden und ebenfalls hinzugeben. Zehn Minuten lang bei mittlerer Hitze braten, dann alle anderen Gemüse dazugeben, gut verrühren und erneut 15 Minuten lang köcheln lassen. Mit Salz und Pfeffer abschmecken, nach Geschmack kann man auch mit noch etwas mehr Essig würzen. Das Gemüse soll süßsauer sein.

Dieses klassisch sizilianische Gericht schmeckt warm oder kalt, dazu isst man Brot oder Nudeln. Man kann es auch als Beilage zu Fleischgerichten servieren. Nach Geschmack gibt man noch Knoblauch, Mandeln, Pinienkerne oder frische Kräuter hinzu.

Die Mönche eines Klosters in Catania übergossen das Gemüse zusätzlich mit einer Sauce aus Bitterschokolade und Mandeln, dann legten sie hart gekochte Eier und Oliven obenauf. Das klingt reichlich gewagt, aber man sollte der Spezialität vielleicht eine Chance geben. Sie heißt „Caponata San Bernardino“.

Last but not least – der Ätna, König von Sizilien

Einer fehlt noch. Zwar haben wir schon des Öfteren von ihm gehört – wie könnte es auch anders sein. Schließlich überragt er alles und dominiert Sizilien mit seiner feurigen Präsenz: der Ätna. Wie könnten wir die Insel verlassen, ohne ihm einen Besuch abgestattet zu haben?

Wie er entstanden ist, wissen wir schon. Sie erinnern sich? Göttervater Zeus hat ihn an seinen Platz geworfen, um das Ungeheuer Typhon zu erledigen. Dieses liegt nun darunter gefangen, und aus lauter Ärger spuckt es mitunter Feuer und lässt die Erde wackeln.

Lassen wir den mythologischen Spaß einmal beiseite, dann wissen wir natürlich dank der modernen Wissenschaft, dass auch der Ätna seine Existenz der unflätigen Schieberei und Schubserei der geotektonischen Platten verdankt, die hier aufeinandertreffen. Auch davon haben wir bereits gehört.

Von allen Nebenwirkungen dieses Plattenstreits ist der Ätna die größte. Er bedeckt eine Fläche von rund 1.170 Quadratkilometern und ragt bis zu 3.350 Meter in die Höhe. Ganz genau legt der Riese sich dabei aber nicht fest, denn er ist ja äußerst lebendig. Je nach Lust und Laune ist er deshalb mal höher, mal niedriger. Auf jeden Fall ist er größer als alle anderen, er ragt mit dem Dreifachen ihrer Höhe aus den übrigen Gebirgen Siziliens empor. Deshalb ist er bis weit ins Frühjahr hinein schneebedeckt, an seinen Hängen liegen sogar Skigebiete. Zwischen November und April gilt der Ätna als schneesicher, manchmal reicht die Saison sogar bis in den Juni hinein.

Das lädt passionierte Skifahrer zu einem Erlebnis der Superlative ein: Sie wohnen unten im Tal, wo bei Tageshöchstwerten von bis zu 25 Grad im März schon die Zitronen blühen, und fahren dann zum Sport hinauf in die Eiswelt des Ätna. Eine Gondelbahn bringt sie zum Skigebiet Ätna-Süd in 2.500 Metern Höhe, und während der Vulkan über ihnen rumpelt, Asche und Gase ausspuckt, vergnügen sie sich in aller Seelenruhe beim Slalom.

Möglich ist das, weil der Ätna im Gegensatz zu seinen Kollegen wie dem Vesuv oder der Grande Fossa auf der Insel Vulcano ein recht gutmütiger Geselle ist. Er ist ständig aktiv, dadurch baut sich in seinem Inneren nicht so leicht ein gefährlicher explosiver Überdruck auf. Und selbst wenn er Lava speit, ist das meist eine überschaubare Gefahr. Denn die Lava bewegt sich hier relativ langsam, da bleibt genug Zeit, um sich in Sicherheit zu bringen.

Die glühende Lava des Ätna ist zwar eigentlich aufgrund ihres niedrigen Kieselsäureanteils ziemlich dünnflüssig, doch bedingt dieser Mangel auch, dass die enthaltenen Gase rasch entweichen können. Überdruck, der zu Explosionen führen kann, entsteht so nicht. Außerdem kühlt die Lava an der Oberfläche recht schnell ab, während sie im Inneren des Lavastroms noch weiterfließt. Dadurch entstehen Lavagrotten, die hunderte von Metern Länge erreichen können, eine bemerkenswerte und – abgesehen von den Lavagrotten auf Island – in Europa einmalige Erscheinung.

Allerdings darf man natürlich auch den Ätna nicht unterschätzen. Schließlich ist er ja Europas größter und aktivster Vulkan. Da kann es auch schon mal vorkommen, dass bei einem Ausbruch tonnenschwere Gesteinsbrocken hunderte von Metern weit durch die Luft geschleudert werden. In solchen Fällen sollte man lieber schleunigst das Weite suchen.

Am besten begibt man sich zu einer vulkanologischen Exkursion in die Hände eines erfahrenen Führers. Denn der weiß, wo es gefährlich ist, welche Gegenden man besser meidet, aber auch, wo man getrost nahe herangehen kann, um ein bisschen vulkanische Action zu erleben. Mit etwas Glück erlebt man sogar eine Ascheexplosion. Theatralischere Ausbrüche, die von Lavafontänen begleitet werden, sind allerdings seltener. Auf solche Art entstanden die vier Gipfelkrater des Ätna, neben dem eigentlichen Hauptkrater sind das drei weitere, die bei Ausbrüchen in den Jahren 1911, 1968 und 1979 entstanden. Dazu gibt es aber an den Flanken des Vulkans mehr als dreihundert kleinere Nebenvulkane. Und weil hier ständig Unruhe herrscht, kommen auch laufend neue Vulkanschlote hinzu.

So ganz ohne ist der Ätna nämlich nicht. Lange Zeit dachte man, seine gemütlichen Lavaströme seien zwar lästig, würden aber das Leben der rund 900.000 Menschen an seinen Hängen nicht unmittelbar gefährden. Zwar könnten sie dadurch schlimmstenfalls Haus und Hof verlieren, aber es bliebe immer genug Zeit, um die Gefahrenzone zu verlassen.

Diese Annahme musste man allerdings in jüngster Zeit revidieren. Wissenschaftler fanden heraus, dass die Aktivität des Ätna vor etwa achttausend Jahren einen gewaltigen Erdrutsch verursachte, der wiederum eine Tsunami-Katastrophe im östlichen Mittelmeer auslöste. Irgendwann in der Zeit zwischen 1500 und 1200 v. Chr. soll es dann einen heftigen Ausbruch gegeben haben, der die ursprünglich hier siedelnden Volksstämme der Sikaner ostwärts vertrieb und Platz für die Stämme der Sikeler machte, die später vom italienischen Festland aus nachrückten. In der Antike überrumpelte der Ätna die Menschen erneut mit einem äußerst explosiven Ausbruch, man fand Spuren einer solchen sogenannten Plinianischen Eruption aus dem Jahr 122 v. Chr.

Nicht zuletzt brachten die teilweise heftigen Ausbrüche in den Jahren 1995 bis 2001 die Vulkanologen dazu, ihr vorschnelles Urteil über den Ätna als gemütliches Dickerchen zu überdenken. Und als wolle er es ihnen zeigen, wiederholte er seine Aktivitäten von Januar 2011 bis Dezember 2013 im Bereich eines neuen Kraters an der Ostflanke. Beim heftigsten Ausbruch während der Nacht vom 16. auf den 17. November 2013 schoss die Lavafontäne fast sechshundert Meter in die Höhe. Und der Vulkan ist seitdem keineswegs zur Ruhe gekommen. Immer wieder speit er Feuer, die Eruption in der Nacht vom 3. auf den 4. Dezember 2015 gilt sogar als der heftigste Ausbruch seit Jahrzehnten. Wer wollte da noch behaupten, der Ätna sei lammfromm?

Deshalb hat er auch in der Vergangenheit Seilbahnen, mit denen er für Touristen und Skifahrer erschlossen werden sollte, immer wieder zerstört. Die Gondelbahn, die von den beiden etwa 2.000 Meter hohen Silvestri-Kratern aus weitere 500 Meter hinaufführt, ist nur in Betrieb, wenn es am Ätna etwas ruhiger zugeht. Die Silvestri-Krater gelten als erloschen, in sie kann man sogar hinabsteigen. Hier lassen sich die Moose und Flechten bewundern, die es schaffen, in dieser Höhe zu überleben. Weiter unten an den Hängen des Ätna geht es deutlich üppiger zu, denn der vulkanische Boden ist äußerst fruchtbar. Bis in 1.500 Meter Höhe gedeihen prächtige Feigen-, Pistazien- und Olivenbäume, außerdem natürlich Wein und Zitrusfrüchte aller Art. Oberhalb dieser vom Menschen kultivierten Zone erstrecken sich bis in 2.000 Meter Höhe ausgedehnte Wälder. Kommt es zu einem Ausbruch, so ist danach der Ätnaginster die erste Pflanze, die sich an die Eroberung der erkalteten Lavafelder heranwagt.

Und Lavafelder entstehen immer wieder aufs Neue, denn der Ätna gibt keine Ruhe. Wollen Sie wissen, warum das so ist? Na, dann will ich es Ihnen verraten.

Bekanntlich schmiedet der hässliche Feuergott Hephaistos dort oben ja mithilfe der Brüder des unglückseligen Polyphem die Blitze für Göttervater Zeus. Damit hat Hephaistos alle Hände voll zu tun, bei all den Gewittern, die es auf der Welt so gibt. Und während der arme Mann unermüdlich seiner Arbeit nachgeht, vergnügt sich seine flatterhafte Gattin Aphrodite anderweitig. Davon haben wir ja schon zur Genüge gehört.

Wer könnte es Hephaistos übelnehmen, dass er sich ärgert, wenn er mal wieder von einer neuen Affäre seiner Frau erfährt? Im Zorn schürt er das Feuer seiner Schmiede besonders heftig, und so kommt es, dass der Ätna in solchen Zeiten Feuer speit.

Doch bewahre, wenn Hephaistos dabei am Ende noch das grässliche Ungeheuer Typhon aufweckt, das tief unter dem Ätna gefangen ist…

Ravioli alla Modicana – Ravioli aus Modica

Zutaten für 4 Personen: *400 g Mehl, 300 g Ricotta, 4 Eier, 1 Bd. Basilikum, 2 rote Zwiebeln, 150 g nicht zu mageres Schweinefleisch, 150 g Fleischwurst, 500 g passierte Tomaten, 250 ml Rotwein, 250 ml Gemüsebrühe, 1 Tl Fenchelsamen, Olivenöl, Muskatnuss, Salz, Pfeffer, geriebener Pecorino, Mehl für die Arbeitsfläche*

Zubereitung: *Die Zwiebeln schälen und fein würfeln. Das Schweinefleisch und die Fleischwurst in kleine Stücke schneiden.*

In einer großen Pfanne etwas Olivenöl erhitzen und die Zwiebeln darin glasig andünsten.

Dann das Fleisch und die Wurst hinzugeben und leicht braun werden lassen. Mit dem Rotwein ablöschen und diesen ganz verkochen. Nun die passierten Tomaten, die Fenchelsamen und die Gemüsebrühe hinzugeben, salzen und pfeffern, aufkochen, dann die Hitze reduzieren und das Ganze bei niedriger Temperatur 3 Stunden lang köcheln lassen, dabei hin und wieder umrühren. Falls die Sauce viel zu dick wird, etwas Wasser hinzugeben. Sie soll am Ende sämig und dickflüssig sein.
In der Zwischenzeit das Mehl auf einer Arbeitsfläche aufhäufen, eine Mulde hineindrücken und die Eier dort hineingeben. Salzen und mit den Händen zu einem geschmeidigen Teig verarbeiten. Dann fest in Frischhaltefolie wickeln und 1 Stunde lang in den Kühlschrank legen.
Die Basilikumblättchen abzupfen und fein hacken. Den Ricotta in eine Schüssel geben, salzen, pfeffern, mit Muskatnuss würzen und das Basilikum unterrühren.
Nun die Arbeitsfläche mit Mehl einstäuben und den Teig mit dem Nudelholz darauf ca. 2 mm dick auswalzen. Mit dem Teigroller in Quadrate von ca. 5 cm Seitenlänge schneiden und in die Mitte der Hälfte der Quadrate ein Löffelchen des gewürzten Ricotta geben. Mit jeweils einem anderen Teigquadrat bedecken und ringsum fest andrücken, dabei darauf achten, dass im Inneren keine Luftblase entsteht. Anschließend die fertigen Ravioli mit Mehl bestäuben, damit sie beim Kochen nicht aneinanderkleben.
In einem großen Topf reichlich Salzwasser zum Kochen bringen, dann die Ravioli hineingleiten lassen und bei schwacher Hitze so lange ziehen lassen, bis sie obenauf schwimmen. Anschließend mit dem Schaumlöffel herausnehmen und auf tiefen Tellern anrichten. Jeweils eine Portion der Fleischsauce darübergeben und das Ganze mit geriebenem Pecorino bestreuen.

Buon appetito!

Liebe Leser,

das Leben auf Sizilien verändert sich und gewinnt dabei wie überall auf der Welt immer mehr an Geschwindigkeit. Dazu möchte ich Ihnen zum Schluss noch eine kleine Anekdote aus der Vergangenheit erzählen.

Als wir 1979 auf Sizilien unterwegs waren, da kamen wir an einen Bahnübergang, wo sich gerade die Schranke schloss. Mein Vater stöhnte, denn er kannte solche Situationen schon. „Das kann jetzt drei Stunden dauern", meinte er, machte den Motor aus und stieg zu meiner Verblüffung aus, um sich in der Zwischenzeit bei einem kleinen Spaziergang die Umgebung anzuschauen.

Schon bald darauf hielt ein anderes Auto hinter uns. Darin befanden sich Einheimische, und diese handhabten die Lage ganz routiniert. Mit wachsendem Erstaunen beobachtete ich, wie auch sie umgehend den Motor abstellten, aus dem Auto heraussprangen, um Campingtisch und Stühle aus dem Kofferraum zu holen und alles abseits der Straße unter einem Baum aufzubauen. Im Anschluss gaben sie sich genüsslich einem ausgiebigen Picknick hin.

Der Zug kam bereits nach einer Stunde. Zwanzig Minuten später öffnete sich die Schranke. Aber ich bezweifelte nun nicht mehr, dass mein Vater auch schon weit längere Wartezeiten miterlebt hatte.

Mit dieser kleinen Geschichte verabschiede ich mich und hoffe, dass Ihnen unsere Reise durch Sizilien gefallen hat.

Natürlich freue ich mich über Ihre Tipps, Hinweise oder Anregungen und beantworte auch gerne Ihre Fragen. Schreiben Sie mir einfach an

kontakt@almutirmscher.de

Zum Schluss habe ich noch eine kleine Bitte: Teilen Sie Ihre Eindrücke mit anderen Lesern und schreiben Sie eine kurze Rezension auf amazon.de. Ich freue mich darauf, Ihre Meinung zu erfahren. Vielen Dank und…

…Arrivederci. Bis bald auf Sizilien!

Ihre
Almut Irmscher

Eine kleine Orientierungshilfe

Mein Dank geht an Rosi Seidel, die von ihrer Sizilienreise im Frühjahr 2016 zahlreiche wunderbare Fotos mitgebracht hat. Diese Bilder können sie im Fotoalbum auf meiner Seite www.almutirmscher.de bewundern.
Außerdem danke ich meinem Mann Ulrich Otto, ohne seinen Rat, seine Korrekturen, seine Aufmunterungen und seine ständige Bereitschaft, mir alle Hindernisse aus dem Weg zu räumen, wäre meine Arbeit nicht möglich.

Und natürlich danke ich meiner Freundin Gunhild Hexamer, die die Entstehung meiner Bücher stets engagiert mit ihren Hinweisen, Korrekturen und Anregungen begleitet. Gunhild ist selbst Autorin, wenn Sie sich für Nordamerika interessieren, dann empfehle ich Ihnen ihre Bücher

Gunhild Hexamer - **Arizona erleben:**
33 Geschichten aus dem Land des Grand Canyon
ISBN-10: 1508805911 ISBN-13: 978-1508805915

Gunhild Hexamer - **Kalifornien erleben:**
33 Geschichten aus dem Land der Superlative
ISBN-10: 1530104297 ISBN-13: 978-1530104291

Haben Sie Lust auf mehr Italien? Dann lesen Sie auch

Das Italien-Lesebuch:
Impressionen aus dem Land der Sehnsucht
ISBN-10: 1492770221 ISBN-13: 978-1492770220

und den zweiten Band:
Das Italien-Lesebuch:
Neue Impressionen aus dem Land der Sehnsucht
ISBN-10: 1495928187 ISBN-13: 978-1495928185

außerdem
Das Toskana-Lesebuch
Impressionen und Rezepte aus dem Land von Kunst und Genuss
ISBN-10: 1500960519 ISBN-13: 978-1500960513

Die Reihe der Lesebücher von Almut Irmscher wird fortgesetzt. Außer den Italienbüchern sind erschienen:

Das Hamburg-Lesebuch
Impressionen und Rezepte aus der Hafenmetropole
ISBN-10: 1514288001 ISBN-13: 978- 1514288009

Das Nordsee-Lesebuch
Impressionen und Rezepte von der deutschen Nordseeküste
ISBN-10: 150880110X ISBN-13: 978-1508801108

Das Ostsee-Lesebuch
Impressionen und Rezepte von der deutschen Ostseeküste
ISBN-10: 1511859997 ISBN-13: 978-1511859998

Das Bayern-Lesebuch
Impressionen und Rezepte aus dem Land südlich des Weißwurst-Äquators ISBN-10: 1503264750 ISBN-13: 978-1503264755

Das bergische Lesebuch:
Impressionen und Rezepte aus dem Bergischen Land
ISBN-10: 1516835581 ISBN-13: 978- 1516835584

Das Österreich-Lesebuch
Impressionen und Rezepte aus dem Land von Walzertakt und Mozartkugeln ISBN-10: 151888914X ISBN-13: 978-1518889141

Das Schottland-Lesebuch
Impressionen und Rezepte aus Highlands und Lowlands
ISBN-10: 1499608969 ISBN-13: 978-1499608960

und der zweite Band:

Das Schottland-Lesebuch
Impressionen und Rezepte von einer Reise durch das Land der Moore und Mysterien
ISBN-10: 1530766478 ISBN-13: 978-1530766475

Das England-Lesebuch
Impressionen und Rezepte aus dem Land der Traditionen
ISBN-10: 1502714612 ISBN-13: 978-1502714619

Das Cornwall-Lesebuch
Impressionen und Rezepte aus dem Pilcher-Land
ISBN-13: 978-1499155228 ISBN-10: 1499155220

Das Dänemark-Lesebuch:
Impressionen und Rezepte aus dem Land des Glücks
ISBN-10: 1507647336 ISBN-13: 978-1507647332

Das Provence-Lesebuch
Impressionen und Rezepte aus dem Land des Lichts
ISBN-10: 1500305596 ISBN-13: 978-1500305598

Das Rhein-Lesebuch
Impressionen und Rezepte aus Stadt und Land am großen Fluss
ISBN-10: 1523690275 ISBN-13: 978- 1523690275

Romane von Almut Irmscher:

Aus Lippstadt – eine Reise ohne Ziel
ISBN-13: 978-1507786574 ISBN-10: 1507786573

Bunga Bunga - ein wirklich böser Mafia-Roman
ISBN-10: 1496097041 ISBN-13: 978-1496097040

Wie die Libelle in der Wasserwaage - Roman
ISBN-10: 1495437396 ISBN-13: 978-1495437397

Es wird gegessen, was auf den Tisch kommt!
– ein biografischer Roman aus der Küche.
ISBN-10: 1506175171 ISBN-13: 978-1506175171

Alle Bücher sind als Taschenbuch oder zum Download für den Kindle erhältlich.

Aktuelle Informationen zu Neuerscheinungen auf www.almutirmscher.de

22925342R00127

Printed in Poland
by Amazon Fulfillment
Poland Sp. z o.o., Wrocław